———

LA MINE DE RANCIÉ

DEPUIS LE MOYEN AGE JUSQU'A LA RÉVOLUTION

ERRATA

LA

MINE DE RANCIÉ

(COMTÉ DE FOIX)

DEPUIS LE MOYEN AGE JUSQU'A LA RÉVOLUTION

PAR

Henri ROUZAUD

DOCTEUR ÈS SCIENCES POLITIQUES ET ÉCONOMIQUES

TOULOUSE

IMPRIMERIE ET LIBRAIRIE ÉDOUARD PRIVAT
Librairie de l'Université
14, RUE DES ARTS (SQUARE DU MUSÉE)

1908

MONTIBUS PATRIIS

MAJORUMQUE MEMORIÆ

SACRUM

BIBLIOGRAPHIE ET SOURCES MANUSCRITES

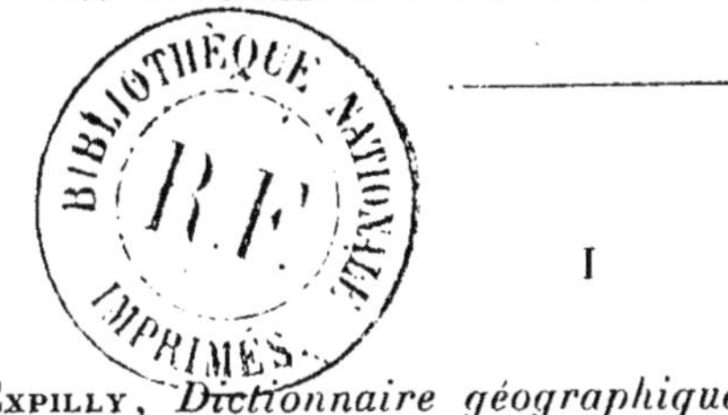

I

Expilly, *Dictionnaire géographique des Gaules et de la France*, 1662-1720.

Palassou (Abbé), *Essai sur la minéralogie des monts Pyrénées* Paris, Didot, 1784.

Description des gîtes de minerai, des forges et des salines, par M. le baron de Dietrich, commissaire du roi à la visite des mines, des bouches à feu et des forêts du royaume. Paris, Didot aîné, 1786.

Traité sur les mines de fer et les forges du comté de Foix, par M. de la Peirouse. Toulouse, Desclassan, 1786.

d'Aubuisson de Voisins, *Observations sur les mines et les mineurs de Rancié*. Toulouse, Bellegarrigue, 1818.

Michel Chevalier, *La haute vallée de l'Ariège* (Revue des Deux-Mondes, décembre 1837).

Jules François, ingénieur des mines, *Recherches sur le gisement et le traitement direct des mines de fer dans les Pyrénées et particulièrement dans l'Ariège*. Paris, Carillian-Gœury et Dalmont, 1843.

Recueil des titres authentiques établissant la propriété des mines de fer de Rancié en faveur des huit communes de l'ancienne vallée de Vicdessos, réunis par les soins de Raymond Barbe. Toulouse, Bonnal et Gibrac, 1860.

Histoire générale de Languedoc. Ed. Privat, t. XIV, 1876.

H. Duclos, *Histoire des Ariégeois*. 7 vol. Toulouse, Soubiron; Paris, Perrin, 1881-1887.

F. Pasquier, *Rapports entre ouvriers et patrons dans l'ancienne vallée de Vicdessos*, en 1722 (Mémoires de la Société ariégeoise des sciences, lettres et arts, V, 1896).

Villot, *Etude administrative sur les mines de Rancié* (Annales des Mines, 1896).

G. Arnaud, *Mémoire sur les Etats de Foix.* Toulouse, Ed. Privat, 1904.

— *Histoire de la Révolution dans le département de l'Ariège.* Toulouse, Ed. Privat, 1904.

II

Archives nationales :

H 716 : Mémoire sur l'administration du comté de Foix.
— Mémoire de Darmaing à Necker.
— Notice sur l'intendance de Roussillon et du comté de Foix.
H 719, 316 : Mémoires des entreposeurs de Sabart.
— 319-342 : Mines de Viedessos et règlements y relatifs.
H 714, 17-79 : Procès-verbaux des Etats de Foix, 1769, 1778, 1779, 1781, 1782, avec observations et notes de M. d'Usson, commissaire du roi aux Etats.
K 1162, 6 : Mémoire sur le pays de Foix. Observations faites par M. de Bonnac, en 1740.
— 6 *bis :* Tableau général de la production, population... du pays de Foix, 1788.

Archives départementales :

Haute-Garonne, Archives du Parlement de Toulouse :

Fonds Froidour. F¹ : Procès-verbaux, plans et dénombrements... de la vallée de Viedessos.
B 1719, f⁰ 373 : Arrêt du 14 mai 1771.
B 1785, f⁰ 379 : Arrêt du 22 juin 1779.

Ariège.

Série E : Fonds de l'ancienne vallée de Viedessos (une caisse renfermant des papiers non classés).
— Cahiers, registres provenant de la maison commune de Viedessos.

Série E : Volume relié contenant une transcription des prin-
cipaux titres relatifs à la vallée, dit *Livre vert*.
— Mémoires, procédures diverses.
— Arrêts du Conseil, 1719, 1731 (imprimés in-4°).

Archives municipales de Vicdessos :

Registres des délibérations du Conseil politique. 6 vol., 1729-
1784 (le 7ᵉ volume manque, quoique figurant à l'inventaire).

Bibliothèque de la ville de Toulouse :

Cartulaire des Archives de Foix pour l'abbaye de Boulbonne.

Archives particulières :

ARCHIVES DE LA FAMILLE VERGNIES, à Vicdessos :
Délibérations, requêtes et autres pièces, originales ou colla-
tionnées, intéressant l'administration de la vallée.

ARCHIVES DE L'ÉTUDE DE Mᵉ ROUZOUL, notaire à Vicdessos :
Minutes des anciennes études notariales des dix-septième et
dix-huitième siècles.

INTRODUCTION

La vallée de Vicdessos, dans l'ancien pays de Foix, renferme une institution fort singulière. Cette institution date du Moyen âge; elle est basée sur des privilèges dont la population jouit toujours, malgré la nuit du 4 août et les lois révolutionnaires. Mais, par un singulier contraste, ces antiques privilèges consacrent un mode de propriété et un mode de production considérés en général comme tout à fait modernes, et qui, pour certains, sont la forme économique de l'avenir.

Il s'agit d'une mine aux mineurs, et qui appartient à ces mineurs depuis au moins sept siècles!

Sociologues et économistes des écoles les plus opposées se sont occupés d'elle pour y chercher la confirmation de leurs théories. Les uns ont vu dans ces mineurs des précurseurs de la société collectiviste; d'autres, se basant sur le mauvais fonctionnement de la mine, ont voulu démontrer que cette exploitation était une forme inférieure de production.

Nous ne voulons pas ici prendre parti, quoique des pages qui vont suivre se dégage une conclusion fort catégorique et appuyée sur l'expérience des siècles. Mais notre étude, que l'on pourrait supposer *a priori* économique, sera au contraire surtout historique, et l'on se rendra compte, en la lisant, des motifs pour lesquels il ne pouvait en être autrement.

Une mine est concédée, non à un particulier, comme d'habitude, mais à toute une population. Comment fonctionnera son exploitation? Qui la dirigera? Qui suppléera le patron absent?

Le problème est curieux, et il convient de rechercher la solution qui lui fut donnée; d'exposer le développement de cette institution, d'abord rudimentaire, ensuite de plus en plus complexe; de montrer ses rapports avec les différents pouvoirs : les États de Foix, les intendants, l'administration royale, et surtout le consulat de la vallée, tuteur et véritable directeur de la mine.

Nous verrons aussi comment le minerai était extrait aux différentes époques; comment et à qui il était vendu; quel était l'état social des mineurs. Bref, c'est la vie de la mine de Rancié sous l'ancien régime qu'il nous a paru intéressant de reconstituer, autant que le permettent les documents qui subsistent.

Une semblable étude n'a point été traitée jusqu'ici, du moins dans son ensemble. On ne trouve guère de renseignements sur les mines de Rancié avant la Révolution que dans des traités de minéralogie — et l'on devine si ces renseignements sont sommaires — et dans des brochures fort anciennes, aujourd'hui à peu près introuvables. Quelques relations de voyage, diverses études historiques y font aussi allusion ; mais ces ouvrages se copient les uns les autres et admettent sans examen les hypothèses les plus aventureuses ; on ne peut donc les prendre beaucoup au sérieux.

C'est assez dire que nous avons peu utilisé ces œuvres. En revanche, notre étude est basée sur des documents de première main, dont un certain nombre entièrement inédits, et que nous avons puisés aux Archives nationales, aux Archives départementales de Foix, aux Archives du Parlement de Toulouse, à la Bibliothèque de la ville de Toulouse, et à la mairie de Vicdessos.

Les archives notariales de M. Rouzoul, notaire à Vicdessos, et les archives particulières de la famille Vergnies nous ont été également fort utiles[1].

C'est donc une monographie historique que nous avons essayé d'écrire ; monographie d'une institution peu connue dans son fonctionnement et que nous avons analysée avec toute la précision compatible avec l'état des documents sur ce sujet.

---

1. Qu'il me soit permis de remercier, pour l'obligeance avec laquelle ils m'ont fourni des renseignements, communiqué des documents, dirigé dans mes recherches, M. F. Séris, sous-ingénieur des mines et conducteur de la mine de Rancié de 1876 à 1903 ; Mlles Vergnies, M. Rouzoul, à Vicdessos ; M. le maire de Vicdessos ; M. l'archiviste Pélissier ; M. Pasquier, archiviste de la Haute-Garonne. Je les prie de vouloir bien trouver ici l'expression de mes sentiments reconnaissants.

PREMIÈRE PARTIE

ORIGINE ET TITRES CONSÉCUTIFS

―――――

CHAPITRE PRÉLIMINAIRE.

La petite ville de Tarascon est située au confluent de l'Ariège et d'un ruisseau appelé le Vicdessos; ce ruisseau vient du sud et il a pris le nom de la vallée qu'il arrose. Lorsqu'on suit la route qui le longe, on ne tarde pas à s'engager dans un défilé étroit : c'est la vallée de Vicdessos qui commence — et ce rétrécissement porte le nom de Pas de Sabart. En continuant, on laisse à gauche les vallées de Miglos et de Siguer, et aussitôt après le nouvel étranglement de la montagne qui suit cette dernière, on pénètre dans un bassin plus large, au centre duquel se trouve le bourg de Vicdessos. Ce bassin, entouré de toutes parts de hautes montagnes, forme un système à peu près clos, sauf vers le nord, ce qui explique qu'il ait constitué une unité politique, la vallée de Vicdessos.

On le voit, ce terme *Vallée de Vicdessos* a deux sens : géographiquement, il s'étend à toute la vallée jusqu'à Sabart; politiquement, il ne comprend que le bassin que nous venons d'indiquer et qui est la partie supérieure de la vallée. Lorsqu'à l'avenir nous emploierons cette expression, c'est dans son sens politique que nous l'entendrons ; nous voudrons parler de cette « personne administrative » qu'était la vallée de Vicdessos.

Les agglomérations qui la composent sont : Vicdessos, la capitale, et Auzat ; les autres villages sont accrochés aux flancs de la montagne. Sur le flanc oriental : Sem, Goulier et Olbier ; sur le côté opposé : Ilier, Laramade, Orus, Suc, Sentenac et Saleix.

C'est à l'entrée de la vallée et dans la montagne qui supporte le village de Sem que se trouve la mine de Rancié. Notre objet n'est pas de donner une description technique de cette mine ; toutefois, quelques explications sont nécessaires pour l'intelligence de la question que nous traitons. Nous les empruntons au savant ouvrage d'un ingénieur des mines, Jules François.

La mine de Rancié fait partie d'un important bassin ferrifère qui s'étend de Vicdessos au Pech-Saint-Pierre et qui a 19 kilomètres de longueur sur une largeur qui varie entre 2 et 4. Ce bassin est exploité à divers endroits : en outre de Rancié, on trouve des mines à Lercoul, Miglos, Larnat, Larcat et Château-Verdun.

A Rancié, le gisement est considérable. Les spécialistes l'appellent un *stockwert*, ce qui signifie masse debout ; disons, pour être intelligibles aux profanes, que la montagne est en quelque sorte une montagne de minerai, simplement entourée d'une écorce calcaire. Et encore, à plusieurs endroits, la roche ne protégeait pas la masse du fer, qui se trouvait ainsi en contact direct avec l'air : on dit alors qu'il affleure. Les géologues ont calculé que le minerai s'étendait parallèlement au flanc méridional de la montagne sur une longueur de 700 mètres environ; quant à la profondeur, elle est extrêmement variable.

Les affleurements ont d'abord été attaqués par les mineurs, et, lorsque ceux-ci ont épuisé les poches extérieures, ils ont pénétré dans la montagne en creusant des couloirs horizontaux que l'on nomme galeries. Aujourd'hui, ces diverses galeries n'étant plus exploitées sont éboulées, mais l'entrée en est toujours visible. Comme nous y ferons souvent allusion dans cette étude, nous croyons utile d'en donner la nomenclature afin de situer nos explications. Ces galeries portent les noms suivants que nous accompagnons de leur signification en français : *la Roque* (la roche); *la Craugne* (grand vide); *le Tartié* (tas de pierres); *le Poutz* (le puits); *l'Auriette* (*orry* veut dire cabane); *la Grallière* (vient de *grail*, corneille). Elles sont toutes situées sur le même plan vertical et nous les avons nommées dans l'ordre où elles figurent en partant du sommet. On trouve ensuite trois galeries percées au dix-neuvième siècle, et enfin, sur un plan différent, *l'Escudelle* (écuelle) et *Nagot*. Devant l'entrée de chaque galerie se trouve une sorte de terrasse destinée à faciliter l'exploitation; c'est là aussi qu'avait lieu la vente du minerai. On les désignait couramment sous le nom de « place » ou « place du minier ».

Nous ne pouvons que renvoyer aux ouvrages spéciaux[1] les lecteurs désireux de connaître les diverses sortes de minerai que l'on extrait de Rancié ; elles sont très nombreuses. Qu'il nous suffise de dire que les meilleures qualités — qui étaient très abondantes — fournissaient un fer renommé et très recherché dans toute la région méridionale. Tant que les facilités de communications ne permirent pas d'apporter sans trop de frais le minerai de l'étranger, on peut dire que tous les marchands de fer et les maîtres de forges des Pyrénées, du Languedoc et des provinces voisines furent les tributaires de Rancié. Au dix-neuvième siècle, la vapeur et le libre-échange modifièrent la situation ; mais, jusqu'à cette époque, Rancié fut pour le Midi à peu près le seul producteur — et le grand producteur en même temps — du bon fer. Cela explique la notoriété dont il jouit et l'intérêt que portaient à son bon fonctionnement les différentes autorités sous l'Ancien Régime.

1. Lapeyrouse, *Traité sur les mines de fer et les forges du comté de Foix* ; — J. François, *Recherches sur le gisement et le traitement direct des mines de fer dans les Pyrénées.*

CHAPITRE PREMIER.

Les temps préhistoriques.

A quelle date doit-on placer la découverte des mines de Rancié? On ne possède sur ce sujet aucune donnée positive. Est-elle antérieure ou postérieure aux Celtes ou aux Romains? Peut-on l'attribuer à l'un de ces peuples? Nul ne le sait. Aucun vestige de monument, point d'armes ou de monnaies qui aient été trouvés sur les lieux et qui permettent d'éclairer ce problème.

Bien entendu, les légendes romantiques ne manquent pas; elles font intervenir César, ou bien ces valeureux Sotiates que les armées romaines ne purent réduire[1]. Tout cela n'est pas très sérieux. Si le patriotisme local, qui les inspira, doit excuser ces fictions, la critique historique ne peut en tenir aucun compte.

On en est donc réduit aux conjectures. Toutefois, certaines données apportent quelque lumière dans cette période préhistorique qui, pour Rancié, s'étend jusqu'à la fin du treizième siècle.

Il est généralement admis que l'art de travailler le fer a été apporté dans le bassin occidental de

1. A. Garrigou, *Les Sotiates du temps de César*, 1856.

la Méditerranée par les Phéniciens et les Grecs.
Partant de ce fait à peu près indiscutable, un
savant ingénieur[1], aux travaux duquel nous aurons
recours, suppose que cet art passa des rivages de
la Catalogne dans l'intérieur des terres ; or, la
vallée de Vicdessos communique avec l'Espagne
par un défilé, étroit il est vrai, mais qui n'a rien
d'inaccessible. N'est-il pas très naturel d'admettre
que les élèves de ces Phéniciens et de ces Grecs
aient bientôt rayonné, et parcouru les montagnes pour rechercher « la pierre ferrue », comme
on l'appellera plus tard ? Précisément, à cette époque, le minerai affleurait à maints endroits sur
le mont Rancié : il présentait l'aspect particulier
d'une roche noire, dure et brillante comme le jais.
Les montagnards pouvaient n'en point connaître
les propriétés, mais ils en connaissaient l'existence ; ils apprirent sans doute très vite à utiliser
cette précieuse substance, qui augmentait la solidité et la force de leurs armes et de leurs outils.

Les Romains ont-ils connu et exploité Rancié ?
Certains l'affirment, mais sans aucune preuve.
On a prétendu que Rome y avait fait travailler
des forçats condamnés *ad metalla :* cette nouvelle
légende n'a aucun fondement : tout, au contraire,
la contredit. Il faut bien se résigner à admettre
pour les mines une origine beaucoup plus mo-
deste : l'utilisation, par les voisins, d'un minerai
très abondant, mais inconnu hors d'un rayon res-
treint, inconnu des autorités.

1. Jules François, *ouvr. cit.*

Ne nous étonnons pas si nous n'avons aucun texte ni aucune indication sur la période qui suit l'écroulement de l'Empire romain, et pas davantage sur le haut Moyen-âge.

La vallée de Vicdessos était d'un accès difficile lorsque les routes n'existaient pas. Protégée par les montagnes qui l'entourent de toutes parts, elle dut être peu souvent visitée par les fonctionnaires des souverains instables et des régimes mal assis qui se succédèrent jusqu'à l'établissement de la féodalité. Le pouvoir des rois wisigoths, par exemple, ne fut certainement pas senti d'une façon pesante par la vallée, et si la mine avait fait l'objet d'une réglementation quelconque, il est certain que ces prescriptions seraient demeurées lettre morte, faute d'une autorité qui la fît exécuter.

Une circonstance particulière maintint Vicdessos dans cette indépendance plus longtemps encore que beaucoup d'autres lieux analogues. De tous les fiefs des pays de langue d'oc, le comté de Foix fut, en effet, le dernier formé. Les territoires qui devaient être plus tard le haut pays de Foix relevaient nominalement du comté de Toulouse, mais appartenaient au comte de Carcassonne. C'est un partage qui fit constituer en souveraineté distincte le comté de Foix, en 1012 seulement[1]. Et encore, des alliances et des héritages font-ils que pendant longtemps le comte de Foix est propriétaire de plusieurs comtés ensemble, ce qui rend son autorité assez lointaine; même quand il réside à Foix,

---

[1] *Histoire de Languedoc,* t. III.

le gouvernement de ses nombreux domaines l'empêche de consacrer toute son activité aux populations les plus proches, et celles-ci continuent — pour quelques années ou pour quelques siècles — à vivre dans un état d'indépendance à peu près complète.

CHAPITRE II.

Les chartes constitutives.

C'est à l'an 1272 que remonte le premier document écrit concernant la vallée de Vicdessos. Il
émane du comte Roger-Bernard III et consiste en
une charte de privilèges pour les habitants. Ces
privilèges, le comte ne les octroie pas, mais il les
confirme; il les maintient tels qu'ils ont été possé-
dés « du temps de Raymond-Roger, d'heureuse
mémoire, et de nos autres prédécesseurs »[1].

Roger-Bernard ne crée donc pas un nouveau
régime pour la vallée, mais se borne à ratifier par
une charte solennelle ce que ses prédécesseurs
avaient respecté.

Nous trouvons dans l'histoire du pays de Foix
l'explication de cet acte. Roger-Bernard fut un
prince actif et très belliqueux; depuis son avène-
ment, il bataillait sans cesse contre les uns ou les
autres. Il avait pris part, en 1270, à la croisade où
périt saint Louis; l'année suivante, il se querellait
avec le comte d'Armagnac. En 1272, c'est au Roi
lui-même qu'il s'attaquait, et Philippe le Hardi
était déjà à Boulbonne, sur le territoire du comté.

---

1. Voir, aux *Pièces justificatives*, Appendice I, le texte de la
charte de 1332 qui contient celles de 1272 et de 1293.

Pour soutenir une lutte qui promettait d'être sérieuse, Roger-Bernard avait à s'attacher tous ses sujets, et notamment la vallée de Vicdessos, qui fournissait de vigoureux hommes d'armes. Une charte qui consacrerait la situation de fait simplement tolérée jusqu'ici causerait la plus vive satisfaction à la vallée ; celle-ci y attachait tellement d'importance, qu'elle accepterait même de verser une somme d'argent pour s'assurer cette confirmation, somme d'argent qui serait la bienvenue dans la caisse du trésor de guerre. Et, en effet, le texte de la charte porte que la vallée versa 1.300 écus toulousains en échange de l'acte authentique. Cette concession ressemble donc aux nombreuses émancipations de communes consenties un peu partout par les seigneurs, moyennant finances.

La charte ne fait aucune mention des mines de Rancié. Mais il n'est pas douteux que la faculté pour les habitants d'aller y puiser ne soit renfermée dans les termes généraux de « franchises, usages et coutumes » que l'on trouve[1]. Comme nous l'avons déjà dit, l'extraction du minerai ne faisant pas encore à cette époque l'objet d'une véritable industrie, le comte n'y attachait pas sans doute une grande importance. Signalons, en outre, que la charte renferme des privilèges de juridiction et la dispense de tout droit de péage pour les marchandises allant de la vallée à Tarascon.

Vingt ans plus tard, en 1293, le même comte octroie une nouvelle charte à la vallée de Vic-

---

1. *Omnes libertates, usus, consuetudines...*

dessos : il ratifie et jure d'observer les libertés
déja contenues dans la précédente. Il accorde également aux habitants de la vallée la permission
« de faire passer et de conduire le fer au-delà des
ports pourvu qu'ils paient le droit de gabelle ».
Pour la première fois, il parle des mines et voici
ce qu'il décide : il ordonne à son bailli et à ses
officiers de ne pas troubler les habitants de la
vallée présents et à venir lorsqu'ils extraient du
fer de leurs mines[1]. Les expressions ne sont guère
juridiques, mais il est clair que le comte reconnaît
ainsi le droit des habitants de Vicdessos à extraire
le minerai. Il concède, en outre, toute une série de
franchises civiles étrangères à notre sujet; men-
tionnons la dispense de tout droit de leude[2] pour
les transactions faites à l'intérieur de la vallée
entre les habitants.

Enfin et surtout, Roger-Bernard octroie à la
vallée des libertés publiques qui sont pour elle sa
grande charte. Il en fait une *Universitas :* on sait
que ce terme, en droit féodal, désigne la personnalité morale d'une agglomération ou d'un groupe.
L'*Universitas* de Vicdessos — ou plus simplement
de Sos, comme on disait alors, — était désormais
une personne ayant des droits, et ses habitants
n'étaient plus de simples sujets du comte, mais

1. « Item volumus... quod non vel aliquid seu Bajali vel officiales nostri non possint aliquod bannum apponere prædictis
habitatoribus... in maniâ seu maniis ferri. »

2. Le droit de péage ou de leude (de *levita*, pour *levata*,
somme levée) dérivait du *portorium* romain (Brissaud, *Manuel*,
681, n. 4).

aussi des membres d'un corps ayant une réalité politique.

Par une conséquence toute naturelle, le comte autorisait la vallée à avoir ses représentants, qu'elle choisirait elle-même parmi ses notables. Comme dans la plupart des villes du Midi, ils porteraient le titre de consuls. Ils devaient être au nombre de quatre et partager le gouvernement de la vallée avec le bailli représentant du pouvoir comtal.

En 1332, Gaston II[1] fut amené à confirmer les privilèges dus à son aïeul. Sa charte, qui a été conservée[2], est à la fois un *vidimus* et un acte original. C'est un *vidimus*, parce qu'elle renferme une transcription des deux chartes de 1272 et 1293, soit que les habitants de Vicdessos aient égaré leur exemplaire ou pour toute autre cause. Mais cette transcription n'est faite qu'à la fin de l'acte, après de nouvelles dispositions en majeure partie consacrées à la mine, et, sur ce sujet, plus explicites que les précédentes.

Après avoir déclaré qu'il donnait à la vallée toutes les terres cultivées ou non cultivées qui se trouvaient dans ses limites, Gaston proclamait que ses habitants avaient le droit absolu d'exploiter

1. Et non Gaston-Phœbus, comme le dit R. Barbe (ouvr. cité). — Les anciennes généalogies des comtes de Foix se trompent souvent; la plus récente a été donnée par F. Pasquier et Courteault, *Chroniques romanes des comtes de Foix*. Foix, Gadrat; Toulouse, Privat, 1897.

2. Arch. dép. de l'Ariège, Fonds de Vicdessos. — Elle est, pour la première fois, intégralement publiée en latin, aux *Pièces justificatives* (App. I, pp. 115 et s.).

les mines situées dans le même territoire et de le faire sans payer au comte aucune redevance ; de plus, ils avaient toute liberté pour transformer le minerai en fer[1] ; les transactions relatives à ce sujet étaient exemptes des droits de leude ou de tout autre impôt, à condition d'avoir lieu à l'intérieur de la vallée. Dès qu'on en franchissait les limites, on était tenu de payer les droits accoutumés.

Tels sont les trois actes constitutifs des droits de la vallée de Vicdessos sur les mines de Rancié.

De l'examen de ces textes se dégagent les conclusions suivantes : Roger-Bernard III et ses successeurs ne sont pas les fondateurs de l'institution qui nous occupe. Elle existait avant eux et, comme le dit la charte de 1332, « depuis si longtemps qu'il n'y a aucune mémoire du contraire ». C'est la nature même des choses qui a créé cette situation. Les comtes se sont trouvés en présence d'une coutume formée peu à peu ; ils l'ont respectée et lui ont donné une existence légale.

A la question précise : « Quels étaient les droits des habitants sur les mines ? Étaient-ce des droits de propriété ou d'usage ? », il serait téméraire, je crois, de répondre avec précision. Les termes des chartes sont vagues[2] et ne permettent pas de se

1. Littéralement, *operare*, le mettre en œuvre. Déjà, la charte de 1293 autorisait les habitants de la vallée à fabriquer et à faire fabriquer des lances, des outils et tous autres instruments de fer, *lancera et alia instrumenta ferrea et ferramenta quœquœ sint.*

2. « Eis licitum dictam petram ferram de mineriis nostris libere extrahere... posse et potuisse petram ferream... extrahere... »

faire une opinion bien nette ; mais, plus que les textes eux-mêmes, la situation de la vallée, les diverses circonstances de milieu doivent nous guider si nous voulons nous faire sur ce sujet une opinion raisonnable.

De tout temps, les habitants de la vallée vont chercher du minerai lorsqu'ils en ont besoin ; ils vont le prendre de la même manière qu'ils vont abattre un arbre lorsqu'ils ont besoin de poutres pour leur habitation ; ils prennent ce minerai comme ils vont conduire leur bétail dans les grandes prairies pour le faire paître. Les prés, les bois, les gisements de fer n'appartiennent alors à personne : aucun des habitants en particulier ne peut s'attribuer la propriété de biens trop étendus pour qu'il puisse les défendre ou tirer quelque profit de leur intégralité ; d'autre part, le souverain n'a jamais fait valoir ses droits sur cette partie reculée et à peu près inaccessible de ses territoires.

Lorsque, plus tard, le comte a un représentant régulier de son autorité dans la vallée — le bailli — il se borne à dire aux habitants : « Continuez à jouir des bois, des prés et des mines ; vous ne serez pas inquiétés par mes représentants. » Il est difficile de caractériser par un terme juridique une telle situation.

Il convient, toutefois, d'ajouter une précision, la seule que l'on puisse faire. Le comte renonce à lever aucun droit sur le minerai extrait ; une telle renonciation semble renfermer implicitement la reconnaissance qu'il n'est pas propriétaire des mines et que leur propriété a été transférée à la seigneurie de Vicdessos. Nous voyons, en effet, à la même époque, le comte de Foix renoncer à la propriété d'une mine voisine de Vicdessos, celle de Château-Verdun, et abandonner en même temps tout droit de leude et de péage sur ses produits[1]. Cependant, le comte dit par deux fois dans la charte de 1332 : *nos* mines, et semble par là proclamer le droit régalien que se réservaient au Moyen âge la plupart des souverains sur les mines de leurs territoires. On pourrait donc conclure que les habitants de Vicdessos étaient bien propriétaires de la concession des mines de Rancié à défaut des mines elles-mêmes. Quant à déterminer la nature exacte de cette copropriété ou de cette propriété collective, c'est une autre affaire; il est plus sage de constater que de pareilles questions, ne s'étant jamais posées pour Rancié, n'ont jamais été résolues : l'administration des biens communs ne pouvait être agitée, et d'autre part, la vente des droits d'un des copropriétaires était impossible puisque les mineurs devaient être indigènes.

Aussi me paraît-il inutile de construire toute une théorie juridique pour expliquer une institution née de la coutume.

Quant à la vallée de Vicdessos, il convient de retenir qu'elle est devenue une *Universitas*, ou *commune*, comme l'on dit ailleurs. Mais cette commune présente un caractère particulier : elle comprend non pas une seule ville, mais toute une vallée[2], dont les limites ont été soigneusement

1. F. Pasquier, *Les mines de Château-Verdun au treizième siècle.* (*Mém. Société ariég.*, t. X, 1906.)

2. On trouve cependant plusieurs vallées qui, sous l'Ancien

établies par les chartes ; elle est une seigneurie, possède les droits du noble sur son fief. Pour mandataires, elle a les quatre consuls chargés de l'administrer ; si les chartes ne parlent que de leur rôle judiciaire — « la connaissance des causes civiles et criminelles » — c'est que, à cette époque où les sociétés sont peu compliquées, rendre la justice est à peu près l'unique fonction des autorités locales, la levée des impôts étant réservée au bailli, fonctionnaire du comte.

Mais, peu à peu, nous verrons naître les besoins sociaux, se compliquer l'organisme local, et c'est le consulat de la vallée qui exercera les fonctions nouvelles. Une semblable indépendance a permis à certains historiens d'appeler la vallée de Vicdessos une petite république. Ses privilèges, confirmés par Henri IV, Louis XIII et Louis XIV [1], laissés à peu près intacts par l'administration royale, permettent, en effet, de la ranger parmi les nombreuses républiques, vestiges du morcellement féodal, éparses sur le sol de la France et dont un certain nombre devait subsister jusqu'aux décrets de la Révolution [2].

Régime, forment une unité, possèdent une personnalité politique, soit qu'elles aient formé un fief, soit que la nature même des choses ait imposé cette circonscription ; pour ne citer que des vallées pyrénéennes, signalons celles de Siguer et de Château-Verdun, près de Vicdessos, qui avaient des assemblées de vallée. (G. Arnaud, *Histoire de la Révol. de l'Ariège*, p. 154.)

1. Voir les actes de 1610, 1611, 1659, 1696. — R. Barbe, *Recueil des Actes authentiques concernant la mine de Rancié.*

2. Une des Républiques pyrénéennes vient de faire l'objet d'une thèse à la Faculté de droit de Toulouse : c'est la République de Saint-Savin en Lavedan ou *Ribera de San-Sabi.* (J. Peyraffite, *Cauterets et la Commission syndicale de Saint-Savin*, 1908.)

CHAPITRE III.

Naissance du commerce.

Vers le milieu du quatorzième siècle, la renommée des mines de Rancié commence à se répandre dans les pays voisins. De divers côtés, on réclame ce minerai, meilleur que les autres, afin de pouvoir le travailler dans les forges.

Mais les habitants de la vallée en sont propriétaires; le minerai ne peut sortir de leur république qu'avec leur consentement. Or, qui représente la vallée? Ce sont les consuls, choisis par les notables de Vicdessos. Ceux-ci refusaient obstinément de laisser vendre le minerai à des étrangers et pour une raison bien simple : c'est que, pour la plupart maîtres de forges, en se réservant le monopole de l'achat, ils pouvaient imposer leurs conditions aux mineurs; de plus, étant seuls à fabriquer du fer avec le minerai de Rancié, ils pouvaient établir leurs prix sans redouter la concurrence.

Une semblable situation pouvait se prolonger longtemps, et elle aurait, en effet, duré indéfiniment, sans un fait nouveau qui les contraignit à abandonner un système aussi avantageux.

Les comtes, on l'a vu, avaient cédé toutes les

forêts de la vallée aux habitants qui pouvaient en disposer pour leur usage; ceux-ci coupèrent les arbres avec si peu de discernement, ils furent si acharnés dans leurs destructions, qu'il arriva un moment où ils eurent saccagé leur territoire. Mais manquer de bois, c'était voir leur industrie gravement atteinte. C'était pour eux la ruine en perspective.

Or, à la même époque, de tous les voisins, les maîtres de forges du Couserans étaient les plus acharnés à réclamer le minerai de Rancié. Par le col de Massat, en effet, qui débouche dans la vallée de Vicdessos, ils étaient à quelques heures de marche des mines, et ils se heurtaient aux prohibitions des consuls. Ils s'étaient plaints au comte de Foix et celui-ci, par lettres patentes du 13 août 1343, mandait à son sénéchal de faire travailler aux mines de Vicdessos, Saurat et autres et de laisser transporter le minerai où les acheteurs le voudraient, notamment dans la vicomté de Couserans[1].

Lorsqu'il parlait des mines de Vicdessos, Gaston faisait-il allusion à Rancié? Il est peu probable qu'après avoir reconnu, onze ans auparavant, les droits des habitants de la vallée, il ait oublié cette confirmation d'une situation déjà ancienne; il veut parler sans doute des gisements de Siguer ou de Miglos qui sont voisins, ou bien se bornait-il à demander à son sénéchal de surveiller Rancié.

---

1. *Cartulaire des Archives de Foix pour l'abb. de Boulbonne.* (Bibl. de la ville de Toulouse.)

Quoi qu'il en soit, il est certain que les consuls, forts de leurs privilèges, refusèrent de céder leur minerai.

Mais bientôt, ils étaient obligés de venir à composition. Le Couserans voulait du fer, mais, eux, avaient besoin de combustible. Ne pourrait-on s'entendre? On décida d'échanger les produits. Des contrats furent passés entre les consuls de la vallée et certains propriétaires du Couserans dont les forges étaient situées dans les vallées d'Ercé et de Massat. Seuls, les propriétaires contractants avaient le droit de faire cet échange.

On ne sait trop la date exacte de ces négociations, car aucun des contrats d'échange n'est arrivé jusqu'à nous. Toutefois, il y a lieu de croire qu'elles doivent se placer aux environs de l'année 1347[1].

Cette convention mit certainement en émoi les régions environnantes. La mine de Rancié serait-elle le privilège exclusif des trois vallées de Vicdessos, Ercé et Massat? On réclama auprès du comte, en lui demandant de faire cesser cet abus.

Aussi, quelques années après, l'affaire recevait-elle une solution de nature à satisfaire tout le monde. Le texte de l'acte qui fut passé à cette occasion nous permet de reconstituer l'événement, au moins dans ses grandes lignes.

---

1. Le *Livre vert* de la vallée de Vicdessos contient la copie de lettres du vicomte de Couserans, Roger-Bernard, du 13 janvier 1347, où il est dit « qu'attendant avoir fait accord entre nous d'une part et les gens de grège et puissant seigneur le comte de Foix et les consuls de la vallée de Sos... »; il autorise les gens de la vallée à aller prendre en Couserans du bois de chauffage et de construction. (Archives dép. de l'Ariège. — Fonds Vicdessos.)

L'acte est une transaction — c'est, du reste, le nom qu'il porte — passée entre le comte et la vallée. Il ressemble à un traité conclu entre deux puissances qui s'accordent certains avantages réciproques. On peut le comparer à un traité de commerce, comme en font de nos jours les nations entre elles [1].

Lorsque le principe de l'accord fut décidé entre les consuls et le comte, celui-ci envoya à Vicdessos son sénéchal Raymond d'Albis. Pour fixer les termes du contrat, on eut recours à une assemblée générale des intéressés. Le 17 janvier 1355, les habitants furent convoqués par le crieur public à la réunion qui se tenait sous le portique de l'église, « au sujet du traité et du règlement à faire à l'occasion de l'extraction de la mine de fer ». C'est là qu'eut lieu la discussion entre le représentant du comte et les consuls et en présence de « la majeure partie du peuple ».

Les consuls avaient fixé par écrit à quelles conditions ils laisseraient le minerai sortir de la vallée et franchir le col de Sabart : d'abord, ils réclamaient une confirmation générale de tous leurs privilèges, notamment la reconnaissance de leurs droits absolus sur la mine, l'exemption du paiement de la leude et de tout autre impôt dans le pays de Foix. Cette même exemption, ils la demandaient lorsqu'ils iraient de Vicdessos à Palhars [2];

----

1. V. *Pièces justificatives*, II.

2. Le comté de Palhars était situé sur le versant espagnol des Pyrénées, entre l'Aragon et la Catalogne ; sa capitale était Palencia-de-Palhars.

de plus, ils voulaient que le comte renonçât à tout impôt relativement à l'extraction du minerai, ainsi qu'il l'avait fait pour les mines de Château-Verdun [1].

Si ces conditions étaient acceptées, ils consentiraient à laisser s'établir le commerce du minerai. Toutefois, la vente devrait en avoir lieu à Vicdessos, au lieu dit *le Pré-de-Vic*, et serait interdite partout ailleurs. L'impôt à payer au comte pour la « pierre ferrue » — c'est le nom donné au minerai — serait de deux deniers tolsas pour trois quintaux, lorsqu'on l'emporterait hors de la vallée.

Le sénéchal accepta toutes ces clauses ; il précisa cependant que, pour le fer fabriqué dans la vallée, les habitants seraient tenus de payer la leude au comte. Au nom de celui-ci et de ses successeurs, il renouvelait la promesse que jamais les habitants de la vallée ne seraient inquiétés dans l'exploitation de leurs mines et que jamais on n'en concéderait aucune à des étrangers dans l'intérieur de la vallée.

Tel fut l'acte qui donna naissance au commerce du minerai. Avec lui commence une nouvelle phase dans l'histoire de la mine de Rancié.

1. V. Pasquier, *Les mines de Château-Verdun au treizième siècle* (loc. cit.).

CHAPITRE IV.

Le Règlement de 1414.

Les demandes de minerai affluèrent sans doute à Rancié dès que le commerce fut proclamé libre. Mais une des règles édictées en 1355 était particulièrement insupportable pour les voituriers [1] : il s'agit de celle qui les obligeait à venir prendre la *pierre ferrue* à Vicdessos. Il était plus court pour eux de se rendre à la mine; sans compter que les habitants de Vicdessos faisant main basse sur toutes les marchandises apportées au Pré-de-Vic, les malheureux voituriers étaient souvent obligés de revenir bredouille, ou de passer un jour de plus à Vicdessos. Cette règle, toute à l'avantage de Vicdessos, ne faisait point non plus l'affaire des mineurs qui perdaient eux aussi beaucoup de temps à apporter le minerai au marché, au lieu de le vendre à la sortie des galeries.

Aussi, d'un commun accord entre les voituriers et les mineurs, la vente se faisait-elle le plus sou-

---

1. Le terme de *voiturier* doit être pris ici dans son vieux sens. Il ne veut pas dire celui qui conduit un véhicule monté sur roues, mais celui qui accompagne un convoi quelconque ; dans l'espèce, un convoi de mulets ou d'ânes.

vent à Rancié. Peu à peu, se dessina un sentier, le chemin de Cavallères, qui aboutissait à la mine sans passer par Vicdessos. On obtint même d'un sénéchal la permission de l'utiliser.

Mais les consuls veillaient. L'année suivante, en 1403, ayant obtenu du nouveau sénéchal, Raymond de Candaraze, la révocation de la permission, ils obligèrent à passer par Vicdessos[1]. Ce conflit entre Cavallères et le bourg devait durer encore bien longtemps, faire l'objet d'un grand nombre de jugements et d'arrêts ; nous le retrouverons plus loin.

Cette question n'était d'ailleurs qu'un point particulier de la crise dont souffrait Rancié à cette époque.

L'acte de 1355 ayant donné un grand essor à l'exploitation, le nombre des mineurs augmenta certainement beaucoup ; le métier devenant rémunérateur, les montagnards des villages voisins s'adonnèrent à l'extraction de la *pierre ferrue ;* mais comme les endroits où le minerai apparaissait n'étaient pas illimités et que tous les mineurs avaient les mêmes droits, les conflits devaient être incessants. De plus, assez inexperts et fort avides de gain, les mineurs détachaient souvent de la terre ou du minerai de qualité inférieure et inutilisable et, vendant le tout pour de la bonne marchandise, discréditaient la mine. Faute de soins, ils laissaient s'ébouler les galeries et perdaient les filons. Enfin, les disputes relatives aux prix

1. Raymond Barbe, *ouvr. cit.*

étaient continuelles ; acheteurs et vendeurs étaient à tour de rôle exploités et volés.

Bref, livrée à elle-même, la mine était en proie à l'anarchie, et tout le monde en subissait le préjudice. Il fallait une autorité qui donnât des ordres et les fît respecter.

Le pouvoir comtal s'émut de cette situation : il était en droit d'intervenir, puisque les acquéreurs de minerai, répandus dans tout le comté, souffraient de ces désordres ; d'ailleurs, les consuls de Vicdessos étaient trop intéressés dans le conflit pour pouvoir y mettre un terme d'une façon satisfaisante. Ce fut donc le sénéchal Raymond de Mauléon qui fut chargé de constituer toute une série de dispositions destinées à rétablir la tranquillité ; elles sont contenues dans le Règlement du 7 août 1414[1].

Tout d'abord, le sénéchal institue quatre préposés au minier[2] qui auront pour mission de maintenir l'ordre et de faire exécuter les prescriptions du Règlement. Ces préposés, que l'on ne tarda pas à appeler *jurats* à cause du serment qu'ils prêtaient lors de leur entrée en charge, devaient être nommés par les consuls et par le bayle. Ils étaient élus à vie et n'étaient remplacés qu'à leur mort, sauf les cas de démission et d'invalidité[3].

---

1. V. *Pièces justificatives*, III.

2. On emploie fréquemment à Vicdessos le terme de *minier* pour désigner la mine.

3. On trouve des jurats dans tout le sud-ouest de la France : en Guyenne, c'est le titre que portent les magistrats municipaux ;

C'est aux jurats qu'appartenait la police du minier; ils étaient en somme les directeurs de l'entreprise.

Ils fixaient à chaque mineur sa besogne. Tous les ans, à la Saint-Jean, ils attribuaient un lot à chacun, ou plus exactement à chaque équipe de deux mineurs. Ce lot devenait pour un an la jouissance absolue de l'équipe : elle avait le droit d'en exclure quiconque aurait voulu y prendre du minerai, mais elle avait l'obligation d'y travailler. Le quantum de sa production était laissé à l'appréciation des jurats : ceux-ci pouvaient leur imposer un certain nombre de voyages, c'est-à-dire l'extraction d'un nombre déterminé de hottes de minerai. Les mineurs devaient toujours tenir leur lot « net et sans embarras ». Et les jurats qui étaient tenus de faire la visite hebdomadaire de tous les lots pouvaient les condamner à l'amende en cas d'infraction.

Les jurats avaient également pour attribution la surveillance de la vente; ils devaient vérifier les poids des balances qui étaient établies aux différentes places du minier.

En second lieu, ils étaient chargés d'empêcher la vente d'un minerai de qualité inférieure. S'ils surprenaient un mineur offrant une marchandise de mauvais aloi, ils pouvaient renverser sa charge et la disperser dans la montagne. Pour éviter que

en Béarn, ils avaient un rôle judiciaire : la charte de 1252 en avait institué quatre pour chaque vic. (P. Rogé, *Les anciens fors de Béarn*, pp. 167-168; Privat, 1908.)

le zèle du jurat ne vienne à tiédir ou qu'il ne se laissât corrompre par le mineur, l'amende de deux sols toulousains, à laquelle il devait condamner celui qui extrayait de la mauvaise mine, était perçue à son profit.

Le Règlement établissait en dernier lieu un tarif pour l'achat du minerai. Il y avait trois prix différents, l'unité de mesure étant le quintal : 8 deniers lorsque le minerai était pris à la place du minier; défense était faite d'exiger un prix supérieur. Afin d'éviter les conflits entre les étrangers et les habitants de la vallée, on accordait à ces derniers un droit de préemption. Toutefois, ce droit ne devait pas dégénérer en monopolisation du minerai, ce qui était formellement défendu.

Lorsque la vente avait lieu à Vicdessos, on pouvait majorer le prix de 5 deniers — ces 5 deniers représentant les frais de port; — enfin, ailleurs qu'à Vicdessos, mais à l'intérieur de la vallée, le prix pouvait atteindre 16 deniers, chiffre maximum, qui ne pouvait être dépassé.

Tel est le Règlement de 1414. Il n'est point très riche de détails, mais nous fournit néanmoins de curieux aperçus sur la mine au Moyen-âge. Avec les chartes que nous avons commentées, il constitue la seule source où il soit possible de puiser pour avoir la physionomie de Rancié à cette époque.

Ajoutons, pour une question secondaire, celle de la fiscalité, que la charte de 1293 avait dispensé les habitants de la vallée de tout droit de leude;

qu'en 1304, le sénéchal Mascaron avait mis un droit de 2 deniers par charge de minerai acheté et exigible de tout le monde, tant habitants de la vallée qu'étrangers ; que la charte de 1332 en avait exempté les indigènes, et que la transaction de 1355, pour éviter la fraude, avait établi le droit sur toute charge de minerai sortant de la vallée, quel que fût l'individu qui la fasse sortir.

Ces diverses dispositions relatives à l'organisation du travail et aux droits sur le minerai étaient sans doute excellentes, puisqu'elles subsistèrent plusieurs siècles sans être réformées. Rien, jusqu'à la fin du dix-septième siècle, ne devait modifier le régime né des chartes et des règlements que nous venons d'étudier. Aucune pièce, aucun document du seizième siècle, relatif à la mine, n'est parvenu jusqu'à nous et très probablement l'autorité publique n'a pas eu à intervenir dans son administration[1]. Consuls et jurats l'ont gouvernée sans heurts ni incidents importants, jusqu'au moment où, des difficultés nouvelles ayant surgi, la mine de Rancié vit réformer son statut.

---

1. Nous pouvons l'affirmer avec une quasi-certitude ; le *Livre vert*, en effet, qui contient une copie de tous les actes intéressant la vallée de Vicdessos, mentionnerait certainement ceux des quinzième, seizième et dix-septième siècles, s'il y en avait eu d'importants dans cette période.

SECONDE PARTIE

DÉVELOPPEMENT DE L'INSTITUTION

CHAPITRE PREMIER.

Période de crise.

Le 26 juin 1729 est une date importante pour l'histoire de la vallée de Vicdessos et pour les mines de Rancié. Ce jour-là, le Conseil politique décidait de « retirer tous les papiers, titres et documents qui sont entre les mains tant des particuliers que d'autres détenteurs, pour en faire un inventaire et pour les remettre dans les archives, pour y avoir recours en cas de besoin[1] ».

C'est à partir de ce même moment que le regis-

---

1. *Registre des délibérations*, 1729. — Quelques années auparavant, vers 1724, on avait commencé la transcription de tous les actes intéressant la vallée sur un volume relié, que l'on a nommé le *Livre vert*. De la même époque, date un inventaire analytique de ces mêmes actes qui fut fait sur un registre. Ces deux volumes sont actuellement aux archives départementales de l'Ariège.

tre des délibérations fut tenu régulièrement et conservé avec soin, ce qui nous permet de suivre pas à pas et de connaître avec beaucoup de détails le fonctionnement de l'administration municipale et celui de l'exploitation de la mine, car ils sont étroitement unis.

Mais la délibération ci-dessus signifie autre chose encore : elle est la manifestation d'une volonté énergique qui apparaît dans la vallée et prétend à diriger avec fermeté les affaires publiques de Vicdessos, à réaliser toutes les réformes nécessaires et à faire respecter les droits historiques de ses habitants.

Déjà, le 24 juin 1706, avait eu lieu une sorte de coup d'état aristocratique. Le Conseil politique de la vallée, institution que nous rencontrons pour la première fois dans les textes à cette date[1], décidait de nommer lui-même les quatre consuls, ôtant ainsi leur nomination au suffrage populaire, qui les avait élus jusqu'à ce moment.

Quelques années plus tard, dans un règlement du 4 avril 1717, il renouvelait cette décision, estimant « désagréable et source de disputes » d'admettre le peuple à l'élection consulaire, et il obtenait

---

1. Le *Conseil politique* existait déjà depuis longtemps sans doute, car on trouve des institutions analogues dans la plupart des organisations municipales de l'Ancien Régime. En général, dans le Midi, les agents d'exécution, consuls ou capitouls, sont quatre, six ou huit; en outre, une assemblée plus nombreuse compose le corps de ville : elle a porté à Toulouse le nom de *Commun Conseil, Conseil général ;* à noter que l'arrêt du Conseil d'Etat du 26 juin 1758 lui a donné le nom de *Conseil politique.* (Voir Roschach, *Les XII livres de l'histoire de Toulouse*, Privat, 1887.)

du Parlement de Toulouse un arrêt « autorisant »
ces deux délibérations [1].

Ces trois actes, de 1706, 1717, 1729, intervenus
dans une période de crise pour la vallée, nous
montrent que l'administration de Vicdessos se res-
saisit, se réveille de son engourdissement et paraît
décidée à jouer le principal rôle dans la solution
de ces difficultés.

En quoi consistaient ces difficultés? Elles étaient
de divers ordres, mais se rattachaient toutes à la
même cause : la vétusté des règlements qui régis-
saient la mine de Rancié.

Ces dispositions, remontant au Moyen âge,
étaient devenues notoirement insuffisantes; elles
ne répondaient plus aux situations nouvelles;
aussi, pour la plupart, étaient-elles caduques et
inappliquées. De plus, l'autorité municipale se
montrait hésitante, sans force et sans initiative.
Comme conséquence de cette situation, l'anarchie
régnait au minier, la production du minerai bais-
sait, la qualité des produits était fort inégale et les
acquéreurs manifestaient leur mécontentement.

Un semblable état de choses était préjudiciable
à trop d'intérêts pour que les pouvoirs les plus
divers n'intervinssent pas. Chacun légiféra diver-
sement, la plupart sans aucune qualité et surtout
sans efficacité puisqu'ils n'avaient pas le moyen de
faire obéir leurs ordres.

Les États du Pays de Foix, défendant les propriétaires de forges lésés par la mauvaise gestion

1. Arch. du dép. de l'Ariège. Fonds Vicdessos, *Livre vert.*

des mines de Rancié, s'en préoccupèrent et firent agir leur syndic général et divers commissaires.

Ce qu'Auguste Comte appelle le pouvoir spirituel devait s'efforcer également de rétablir la concorde : l'évêque et un missionnaire s'y employèrent, mais sans beaucoup de résultats.

Mais, de son côté, le Conseil Politique de la vallée résistait à ce qu'il appelait des empiètements sur son autorité et faisait des oppositions devant le Conseil du Roi. Là-dessus se greffaient des procès interminables, car les questions litigieuses étaient aussi nombreuses qu'était grand l'acharnement des parties.

Débordé, le Conseil du Roi fit procéder à une enquête dans laquelle furent produits les titres sur lesquels étaient basées les prétentions de chacun. Et c'est après l'examen des résultats de l'enquête qu'il rendit, le 16 octobre 1731, l'arrêt qui mettait fin à tous les conflits.

Deux mois auparavant, le 21 août, le Conseil de la vallée avait élaboré de son côté un grand règlement qui organisait la police du minier, et dont les dispositions requirent force de loi, après homologation de l'intendant.

Ainsi, l'année 1731 marque le début d'une nouvelle période pour la mine de Rancié, période dans laquelle nous pourrons voir l'exploitation de la mine se développer et fonctionner normalement.

C'est ce fonctionnement que nous allons exposer maintenant, tout en le faisant précéder, s'il y a lieu, pour chacun des points traités, des conflits qui se produisirent pendant l'époque de crise, et en indiquant la solution qui leur fut donnée.

Nous verrons combien fut respectée l'autonomie locale de la *République de Vicdessos;* nous constaterons que ses chefs, institués au Moyen âge, conservèrent toujours la plus grande autorité et que, si le pouvoir royal intervint parfois, ce ne fut jamais par goût d'absolutisme, mais pour faire observer les règles de justice et empêcher l'oppression des uns par les autres.

CHAPITRE II.

Le gouvernement de la vallée et de la mine

La mine de Rancié appartenant, ainsi que nous l'avons vu, à la vallée de Vicdessos tout entière, ce sont les pouvoirs publics de cette vallée qui dirigeaient son exploitation. Il convient donc de dire un mot de ces pouvoirs, surtout dans ce qui concerne leurs rapports avec Rancié et avec les mineurs.

I. — Le Conseil politique et les Consuls.

Comme dans la plupart des villes — surtout dans les pays de langue d'oc — sous l'Ancien Régime, l'autorité municipale appartenait à une assemblée de citoyens portant le nom de *Conseil politique* ou *Corps de ville*.

Cette assemblée, qui, un peu partout, se composait d'un nombre de membres assez variable et de quelques officiers dont les fonctions étaient analogues à celles de nos adjoints actuels, comprenait, à Vicdessos, vingt conseillers politiques et quatre consuls. Ces consuls étaient ceux qu'avait créés le comte de Foix dans sa charte de 1292;

quant aux conseillers politiques, ils apparaissent à une date indéterminée et qui doit être placée au seizième ou au dix-septième siècle.

Ces conseillers politiques ont d'ailleurs peu d'importance pour le sujet qui nous occupe; leur rôle est ici, comme à peu près partout, assez effacé. Ils se bornent à prendre part aux délibérations, à approuver les comptes[1]. Particularité digne d'être notée, chaque « lieu », c'est-à-dire chaque village[2], a ses conseillers politiques, ce qui permet à tous les intérêts d'être représentés et qui fait de chacun des conseillers une sorte de député, de représentant d'une agglomération déterminée.

Mais les personnages importants sont les quatre consuls. Établis d'abord pour rendre la justice avec le bailli — ce qui était à peu près la seule fonction publique dans cette société rudimentaire — ils ont exercé toutes les nouvelles attributions à mesure qu'elles naissaient et que l'organisation sociale de la vallée se compliquait. Depuis qu'ils sont nommés par le Conseil politique, leur rôle gagne en continuité de vues; ils sont pris pour la plupart dans les mêmes familles, ce qui finit par constituer un véritable patriciat[3].

1. Très exceptionnellement, un rôle actif leur est confié.

2. Chacun de ces lieux : Sem, Soulier, Olbier, etc., était aussi une paroisse. Les délibérations que prenaient exceptionnellement leurs habitants étaient enregistrées par le notaire.

3. Pendant tout le dix-huitième siècle, le patriciat de Vicdessos comptait comme principales familles les Ville, les Deguilhem et les Vergnies. Ces trois familles possédaient, en outre des fonctions municipales, les études notariales de la vallée, diverses for-

Les offices municipaux créés par Louis XIV et Louis XV n'apportèrent aucune perturbation dans le fonctionnement de l'administration consulaire ; acquis par l'un des consuls et rachetés bientôt par la vallée, les titres de maire ou de premier consul furent sans importance, n'entraînèrent aucune diminution de l'autonomie locale et n'ont pas à être étudiés ici.

Quelles étaient les attributions des consuls ? Il est assez difficile de les énumérer exactement. Comme pour la plupart des institutions de l'Ancien Régime, leurs pouvoirs n'étaient pas délimités par les articles rigides d'un texte de loi. En ce qui concerne la mine notamment, le rôle des consuls consistait à faire tous les règlements, à prendre toutes les mesures qu'ils jugeaient utiles pour le bon fonctionnement de l'exploitation.

Durée du travail, modes de l'extraction, prix du minerai, mode de la vente, tels sont les points principaux que règlent les consuls. Ils élaborent dans le Conseil politique les règlements relatifs à ces matières ; ces règlements sont exécutoires par eux-mêmes ; toutefois, certains ont été homologués par l'Intendant. Il n'y a, à ce sujet, aucune règle fixe [1].

---

ges et des biens importants ; elles vendaient aussi du minerai et faisaient le commerce de *coulia* (v. plus loin, pp. 104 et suiv.).

1. *Le Règlement général de la police pour la vallée de Vicdessos de 1717* disposait (art. 13) que les consuls devraient visiter, quatre fois par an, les mines en exploitation (v. Arch. dép. de l'Ariège, *Papiers de Vicdessos*). Nous verrons qu'ils s'y rendaient en outre dans certaines circonstances.

Les consuls ont des fonctions judiciaires : ils connaissent en première instance des infractions diverses aux règlements concernant la mine ; ils peuvent condamner à l'amende et à la prison. La maison commune de Vicdessos renferme une geôle à cet effet. L'appel de ces causes est au sénéchal de Pamiers et de là au Parlement de Toulouse[1].

II. — LES JURATS.

Au-dessous des consuls figurent les jurats. Ce sont leurs agents d'exécution ; ils veillent à l'application des décisions consulaires et ils voient leurs attributions augmenter avec celles des pouvoirs publics de la vallée. Officiers de police, gardes forestiers, douaniers, directeurs de l'exploitation de la mine, ils sont un peu de tout cela au dix-huitième siècle.

Aussi leur nombre s'est-il considérablement accru depuis la date de leur création ; leurs fonctions se sont en même temps spécialisées. En 1414, ils n'étaient que quatre, chargés ensemble de la police de la mine. A la veille de la Révolution, leur nombre varie de douze à quinze ; ils sont répartis en plusieurs catégories : il y a les jurats du mi-

1. Arrêt du Conseil du 16 octobre 1731 (V. aux *Pièces justificatives*, p. 142). — A la fin de l'ancien régime, chaque consul touchait 20 livres d'appointements annuels (V. *Reg. des délibér.*, notamment 1784). Le Règlement de 1717 nous apprend que le costume consulaire comprenait un chaperon, un chapeau et un manteau noirs (art. 12).

nier, les jurats des voitures, les jurats du port ou de l'échange; enfin, les jurats des bois.

Les premiers dirigent l'extraction du minerai; nous verrons au chapitre suivant quel est leur rôle. Aux jurats des voitures appartient de maintenir l'ordre sur la place du minier pendant la vente ; ils doivent empêcher les disputes entre les différents voituriers et tenir la main à l'exécution des règlements relatifs aux transactions. Les jurats du port surveillent le col qui conduit de Vicdessos aux vallées couserannaises; ils ont la police de l'échange de la mine avec le charbon. Les jurats des bois ont été institués pour empêcher le déboisement complet des montagnes de la vallée et mettre un terme aux dévastations des forêts.

Nommés à vie, d'après le Règlement de 1414, les jurats voient plus tard leurs fonctions devenir temporaires. Leur durée est très variable, et le Conseil politique paraît n'avoir été, sur ce sujet, guidé que par les circonstances. Ils restent en charge tantôt un an, tantôt deux, tantôt davantage. Si les jurats de la mine sont presque toujours quatre, ceux de l'échange sont six, sept ou huit; il n'y a le plus souvent qu'un jurat des voitures et deux pour les bois.[1].

Les fonctions des jurats étaient gratuites ; ils avaient toutefois pour revenus la prime de « quarante sols » par infraction signalée, ou, plus exac-

---

1. V. *Reg. des délibérations pour la vallée de Vicdessos*, passim.

tement, par délinquant livré. Cette remise du coupable à la justice avait lieu en effet d'une façon curieuse, dont les formalités sont indiquées à l'article 29 du Règlement de 1731 : « Les jurats prendront les délinquants et les conduiront au Pont de l'Oratoire, où les consuls viendront les chercher, conformément aux anciens usages, et les mèneront à la maison de ville » pour y être jugés.

III. — LE VÉRIFICATEUR DE LA MINE.

En outre des jurats, il y a encore un autre offioier subalterne, c'est le vérificateur ou inspecteur de la mine. On ne sait exactement à quelle date il est apparu, mais pendant la première moitié du dix-huitième siècle il est nommé à vie et par les consuls[1]. L'arrêt de 1731 ayant mentionné ce fonctionnaire et ayant décidé qu'il serait payé sur les fonds du comté de Foix, les Etats revendiquèrent sa nomination en 1763 et le nommèrent à partir de cette date[2].

1. Le 16 octobre 1740, le Conseil politique nomme Jean Delpy vérificateur de la mine, en remplacement d'Etienne Rousse qui est mort et qui avait été nommé en 1733; elle lui fait prêter le « serment de bien et fidèlement exercer en Dieu et en conscience ladite charge d'inspecteur et de vérifier la qualité de la mine, auparavant la vente ». (Raymond Barbe, *op. cit.*) La première mention du vérificateur est faite dans l'arrêt de 1731.

2. Voir l'*Inventaire de productions pour les syndics, consuls et communauté de Vicdessos contre les syndics généraux de la province au pays de Foix,* du 2 avril 1763, qui oppose aux prétentions des Etats les droits historiques de la vallée .(Arch. Vergnies).

Sa fonction consistait à se rendre compte de la qualité de la mine au moment de la vente; il devait empêcher qu'elle fût vendue mélangée avec de la terre, comme cela se produisait parfois. Le vérificateur a des attributions qui semblent donc avoir été détachées de celles des jurats.

Les mineurs s'étant mis en grève en 1779, réclamaient « la suppression de l'inspecteur nommé par les Etats de la province »; bien entendu, leur révolte fut sans effet, au moins sur ce point[1].

Quant au valet de ville — que la communauté gageait à raison de 100 livres — ses relations avec la mine se sont bornées à aller y lire « les règlements de MM. les consuls » et à les y afficher sur un poteau à l'entrée des galeries.

Telles sont les différentes personnes appelées à jouer un rôle — plus ou moins grand — dans l'administration de la mine de Rancié. Ses chefs véritables sont, on le verra avec plus de détails dans les chapitres qui vont suivre, les quatre consuls. Ce sont eux qui décident presque souverainement et ils sont les vrais représentants de la vallée.

L'administration des Etats de Foix, qui ne cessa d'être leur adversaire, essaya à plusieurs reprises d'empiéter sur leurs attributions. Une ordonnance rendue par les commissaires des Etats, le 18 janvier 1696, autorisait le fermier du droit de la leude à établir à Rancié deux surveillants et même des mineurs étrangers si la quantité de minerai

---

1. Voir plus loin, p. 80.

ne lui paraissait pas suffisante[1]. La prétention était invraisemblable; d'ailleurs, le roi ne tarda pas à en faire bonne justice[2]. Plus souvent, mais seulement dans la période de crise qui se termine en 1731, les Etats voulurent taxer le minerai. Nous verrons que la vallée défendit toujours ses privilèges et que le pouvoir royal, bien loin de vouloir les restreindre, les protégea et les fit respecter.

1. Voir le *Règlement de 1731, Exposé des motifs.* — Pour le fermier de la leude, voir plus loin.

2. Voir l'édit du 18 février 1696 (rapp. par Raymond Barbe, *ouv. cit.*).

CHAPITRE III.

L'extraction.

La mine de Rancié étant concédée à tous les habitants de la vallée — *universis et singulis*[1] — chacun avait le droit d'aller y chercher du minerai. Mais en fait, lorsque cette extraction devint une véritable industrie, obligeant les ouvriers à une présence quotidienne, une fraction des habitants de la vallée, seule, put exercer ce droit.

En profitèrent seuls, comme cela a lieu encore de nos jours, les habitants des villages voisins de la mine. On comprend en effet que ceux qui habitent à quatre ou cinq heures de marche de Rancié sont dans l'impossibilité de s'y rendre tous les jours, surtout pendant la mauvaise saison.

Aucun registre n'ayant été tenu ou n'ayant été conservé des travailleurs occupés à la mine, il n'est pas possible de connaître la proportion exacte des contingents soumis par chaque paroisse. Un document que nous avons eu la bonne fortune de trouver nous renseigne sur le lieu d'origine des

---

1. Chartes de 1293 et 1332, *passim*. On trouve aussi quelquefois *omnibus et singulis*.

mineurs en 1766 : c'est une réclamation faite par l'ensemble des mineurs et en forme d'acte notarié[1]. Il y est dit que les comparants sont « des lieux de Sem, Sentenac, Vicdessos, Goulier et Olbier ». Très probablement Sem devait fournir la majorité; les autres venaient des deux villages voisins Goulier et Olbier; quant à Vicdessos et Sentenac, ils devaient être représentés par deux ou trois mineurs : ce sont les proportions du dix-neuvième siècle, et il y a tout lieu de croire qu'elles n'ont guère changé dans un laps de temps aussi court.

Nous avons peu de renseignements sur le nombre des mineurs.

Deux savants ont visité la vallée de Vicdessos, à peu près à la même époque, et ils ont consacré à la mine quelques pages intéressantes dans les volumes qu'ils nous ont laissés : le baron de Diétrich[2] dit que trois cents personnes environ étaient occupées à la mine; Picot de Lapeyrouse parle de deux cent cinquante seulement[3]; toutefois, l'un et l'autre donnent ces chiffres comme simplement approximatifs. Or, dans l'acte notarié cité plus haut, qui contient la liste des mineurs, on trouve deux cent quatre-vingts noms. Cet acte est de 1766, et les observations de Lapeyrouse et de Diétrich datent d'une vingtaine d'années plus tard. On peut donc admettre que les

1. Minutes de M⁰ Vergnies, notaire. Registre de 1766, ff. 154 et suiv. (Archives de l'étude de M⁰ Rouzoul, notaire à Vicdessos.)

2. *Description des gîtes de minerai des Pyrénées*, p. 181.

3. *Traité sur les mines de fer et les forges du comté de Foix*, p. 20.

mineurs de Rancié étaient entre deux cent cinquante et trois cents dans la seconde moitié du dix-huitième siècle; pour les époques antérieures, on ne possède aucun document, pas même un simple indice.

II. — Règlement du travail.

Nous connaissons avec plus de détails, grâce aux règlements qui ont été conservés, la manière dont avait lieu l'extraction. On présume qu'elle présentait à Rancié des caractères particuliers. Ailleurs, le propriétaire embauche des ouvriers et assigne à chacun d'eux sa tâche; ici, vient travailler qui veut et tous les travailleurs sont égaux en droit.

Les jurats, nous l'avons vu, avaient été institués pour être les directeurs de la mine : ils le sont toujours au dix-huitième siècle, et ils attribuent toujours à chaque mineur le lot où il peut tirer le minerai[1]. Mais, avec le temps, la réglementation est devenue plus précise et plus sévère. En pénétrant plus avant dans la montagne, les mineurs sont exposés à plus de dangers, et l'exploitation devient plus difficile : il faut étayer avec soin et réserver de place en place des piliers de minerai afin d'éviter les éboulements. Aussi, le Règlement de 1731 décide-t-il, dans son article 8,

---

1. Le droit du mineur sur le lot qui lui avait été fixé n'était pas absolu. Ainsi nous voyons qu'un mineur qui trouble l'ordre dans une galerie est déplacé par les consuls (*Registre des délibérations du Conseil politique*, 15 novembre 1743).

que chaque jour, avant l'entrée des mineurs, les jurats visiteront la mine avec quelques ouvriers pour se rendre compte de l'état de solidité des galeries.

Une exception s'était peu à peu introduite dans la règle de lotissement temporaire : c'est que les gisements exploités depuis longtemps finissaient par s'épuiser et qu'il fallait en trouver d'autres. Aussi, pour stimuler les recherches, fut-il établi par le Règlement de 1731 que l'inventeur d'un nouveau gisement en jouirait seul : le mineur qui faisait cette découverte devait la faire vérifier par les jurats et en obtenir la concession des consuls[1]. Il obtenait le droit exclusif d'exploiter sa concession; toutefois, le Règlement faisait des réserves : si le nouveau gisement était extrêmement considérable, les consuls pourraient le considérer comme « commun » et y établir d'autres mineurs.

L'application de ces dispositions donna lieu à des conflits nombreux. Les mineurs à qui leur découverte avait constitué ce privilège étaient vus d'assez mauvais œil par leurs camarades, et ceux-ci essayaient souvent de les frustrer du fruit de leurs recherches. En juin 1734, notamment, « un nombre considérable de minerons du lieu de Sem voulait s'emparer de force des mines du Tartié, du Poutz et de la Roque que d'autres habitants de la vallée ont tiré à leurs frais depuis

---

1. Plus tard, il fut décidé que les inventeurs des mines en jouiraient toute leur vie (*Délib. du Conseil pol.* 16 juin 1772).

quelque temps et qui leur appartiennent ». Les consuls durent sévir, et « les mutins furent emprisonnés dans la geôle de la maison de ville »[1].

Les mineurs étaient-ils les maîtres de leurs concessions ou de leurs lots? En d'autres termes, pouvaient-ils s'y conduire à leur guise — tout en observant les règles relatives à la sécurité, bien entendu? Une pareille liberté eût été la source d'un grand nombre d'inconvénients. Tout d'abord, trop de minerai extrait eût avili les prix de ventes et causé un grand préjudice à la vallée et aux mineurs eux-mêmes; l'excès opposé eût créé un monopole au profit de quelques rares acheteurs et déchaîné des protestations. En second lieu, la mise en vente de minerai de mauvaise qualité eût discrédité les mines de Rancié. Enfin, la surveillance de l'exploitation imposait une durée déterminée du travail et son interdiction à certaines heures. Ces diverses questions furent réglées par les consuls, dans leurs Règlements de 1720 et de 1731.

La durée des heures de travail fut d'abord limitée : il fut interdit d'entrer à la mine avant sept heures du matin du 1er mars au 1er novembre, et huit heures de novembre à mars. En 1731, on re-

---

1. *Délib. du Conseil polit.*, 9 et 14 juin 1734. — De leur côté, les auteurs de la découverte n'acceptaient pas facilement de nouveaux mineurs dans ce qu'ils considéraient comme leur bien; ils protestent lorsque l'on décide de rendre *commun* leur gisement. Souvent le Conseil politique transige et n'y envoie qu'un nombre limité de mineurs (Cf. *ibid.*, 10 juillet, 15 nov., 19 nov. 1743).

tarda d'une heure la rentrée pour les deux pério-
des et l'on fixa la sortie à sept heures du soir pour
la période mars-novembre et quatre heures pour
l'autre. Il fut défendu de travailler en dehors de
ce temps et notamment de nuit, sous peine de
20 livres d'amende et un mois de prison en cas de
récidive[1].

Il appartint ensuite aux jurats de régler la quantité de minerai à extraire. L'article 11 du Règlement de 1731 les oblige à fixer à chacun le nombre
de *voltes*, c'est-à-dire de charges qu'ils doivent
tirer. Défense était faite de dépasser ce nombre;
en revanche, s'il n'était pas atteint, les jurats
étaient punis de prison car ils provoquaient les
plus grands troubles en ne fournissant pas du minerai à tous les acquéreurs.

La qualité du minerai extrait était également à
surveiller afin d'éviter le mécontentement des acquéreurs. Cela intéressait particulièrement les
consuls qui étaient pour la plupart maîtres de
forges; aussi, les voit-on tenir la main aux dispositions du Moyen âge que nous avons déjà étu-
diées, ordonner ensuite aux jurats une étroite surveillance des endroits où travaillaient les mineurs,
afin de les arrêter lorsqu'ils atteignent l'endroit où
le fer est trop mélangé avec de la terre ou de la
roche. Un inspecteur ou vérificateur de la mine
était, en outre, chargé de constater la qualité du
minerai au moment de la vente. Son rôle est très

1. Ordonnance de 1720; Règlement du 21 août 1731, art. 5,
6, 7.

efface et nous avons dit plus haut en quoi il consistait[1].

III. — Mode d'extraction.

Les récits de Diétrich et de Lapeyrouse, ainsi que les divers papiers publics de la vallée, nous permettent de reconstituer le travail des mineurs de Rancié au dix-huitième siècle et de nous rendre compte du mode d'exploitation de la mine.

Lapeyrouse[2] notamment nous a laissé une description pittoresque et déjà romantique du mineur pénétrant dans la montagne, « une hotte sur le dos, une lampe à la bouche, une pioche sur l'épaule, un briquet, de l'amadou, du coton, une pierre, une petite corne remplie d'huile à la ceinture »; arrivé au lieu de l'extraction, le mineur suspend sa lampe à une roche et « fait voler la mine en éclats ». Lorsqu'il a assez détaché de minerai pour remplir sa hotte, il revient au jour avec sa charge.

Toutefois, il y avait une certaine division du travail : les uns arrachaient le minerai, on les appelait les *peyriers,* pierrers; les autres le transportaient et c'étaient les *gourbatiers*[3].

En outre du travail d'extraction, il y avait celui de l'aménagement et du percement des galeries;

1. *Vide supra*, p. 53.
2. *Traité sur les mines de fer et les forges du comté de Foix,* pp. 16 et suiv.
3. Les enfants étaient quelquefois employés à porter la mine; ils portaient 75 livres dans leur hotte, tandis que la charge des hommes était de 150 livres. (Lapeyrouse, *ibid.*)

ce travail était très mal fait, ce qui causait de nombreux accidents.

Les galeries, nous dit le même auteur, sont percées n'importe comment; au lieu d'être précédées de recherches préliminaires destinées à fixer les mineurs sur l'importance et la situation du gisement, elles sont faites de façon à rejoindre le minerai au plus vite. Nous avons expliqué plus haut que les gisements affectaient la forme de poches rejointes les unes aux autres par des étranglements; lorsque les sondages découvraient une de ces poches, les mineurs s'empressaient d'ouvrir une galerie. Si l'extrémité de la galerie aboutissait au sommet du gisement, l'exploitation était facile : les mineurs descendaient au fur et à mesure qu'ils vidaient cette sorte de chambre; mais lorsqu'ils l'avaient attaqué par le bas, ils étaient obligés de s'élever sur « des espèces de planchers fabriqués avec quelques pièces de bois qu'ils assujettissent avec des harts de coudrier[1] »; ces échafaudages étaient fort périlleux et se rompaient souvent[2].

Mais ce n'étaient pas là les seuls accidents. Les mineurs faisaient très mal le travail d'étayage qui s'impose dans tout travail souterrain; ils ne remplaçaient pas les étais de bois lorsque ceux-ci étaient pourris. De plus, leur âpreté au gain leur

1. Lapeyrouse, pp. 19 et suiv.

2. Les mineurs employaient parfois la poudre pour faire sauter les rochers qui recouvraient le minerai (Lapeyrouse, *loc. cit.*, et Dietrich, *op. cit.*, 1786, p. 182).

faisait démolir les piliers de minerai, malgré les ordres exprès des consuls.

Aussi, leurs excavations étaient-elles « énormes et menaçantes », pour employer les épithètes de Diétrich. Des pierres et des quartiers de rocher se détachaient à tout instant des voûtes, tuant quelquefois et blessant souvent les mineurs. Des éboulements plus considérables se produisaient également, causant plusieurs fois de véritables catastrophes. Dans ces circonstances, tous les mineurs étaient réquisitionnés pour porter secours aux sinistrés et déblayer les galeries, mais plus souvent une équipe spéciale était chargée de ce soin. Nous lisons que le 9 août 1758, on donne 12 sols à chacun des *peyriers* qui ont dégagé une galerie obstruée par un éboulement survenu à la suite des fontes de neige[1].

Les accidents de toute sorte étaient si fréquents que les jurats, nous dit Diétrich, surveillaient la sortie des galeries et comptaient les mineurs, afin de se rendre compte si quelqu'un d'entre eux n'était pas resté dans la mine, victime d'un éboulement.

Malgré toutes ces imperfections dans l'extraction, la mine de Rancié était prospère dans la deuxième moitié du dix-huitième siècle. A l'occasion d'une enquête ordonnée en 1769 par les États de Foix, deux des jurats ayant été convoqués à

---

1. Délibération du C. P. (à la date). — *Ibid.*, 20 juillet 1749, après un éboulement à l'Escudelle, vingt-quatre mineurs sont employés à « retrouver la voine ».

la capitale du Comté fournirent devant la Commission des travaux publics des explications dont l'essentiel fut conservé pour être soumis à l'assemblée générale.

Il ressortait de ces explications : que le minerai était aussi abondant qu'il l'avait jamais été ; « qu'il y a autant d'ouvriers dans le minier qu'il y en peut avoir » ; que le minerai extrait était de fort bonne qualité ; qu'enfin, les « magasins » dans lesquels les mineurs déposaient leurs marchandises n'étaient jamais vides, et qu'ainsi les acquéreurs n'avaient pas lieu de se plaindre de l'administration de la mine[1].

La province, assez mal disposée cependant en faveur de la vallée de Vicdessos, fut obligée de reconnaître que la gestion des consuls et des jurats ne méritait aucun reproche.

1. Compte rendu des Etats de 1769. Arch. nat., H. 714.

CHAPITRE IV.

La vente du minerai.

Nous venons de faire allusion aux « magasins »
dans lesquels les mineurs déposaient le contenu
de leurs hottes. C'étaient de petites cases creusées
dans le rocher ou bâties en pierres ; elles étaient
rangées les unes à côté des autres et placées à la
sortie de la galerie. Chaque mineur ou chaque
équipe possédait la sienne, et le minerai qu'elle
contenait était sa pleine propriété ; aussi tous ces
magasins étaient-ils soigneusement fermés.

L'ensemble de ces cases devant lesquelles s'étendait la « Place du miner » constituait le marché
du minerai, marché qui avait lieu tous les jours
et qui se tenait en somme en permanence. C'est là
que les « voituriers[1] » venaient chercher le minerai pour le compte des maîtres de forges.

Peu de marchés furent aussi tumultueux que
celui de Rancié ; y faire régner l'ordre et assurer
l'équité des transactions était extrêmement difficile
à cause de l'antagonisme particulièrement aigu

---

1. Ainsi que nous l'avons déjà dit, ces *voituriers* conduisaient
simplement des ânes et des mulets, mais non des voitures, aucun
chemin carrossable ne desservant les mines de Rancié.

des parties en présence. A l'opposition naturelle qui existe partout entre l'offre et la demande, s'ajoutait, en effet, ici un autre conflit : c'est celui qui naissait de la rivalité des acquéreurs entre eux. Il y avait, en effet, deux catégories d'acquéreurs : ceux de la vallée de Vicdessos et les autres, les étrangers. Les premiers réclamaient, comme copropriétaires des mines, un traitement de faveur, traitement qu'ils s'adjugeaient d'ailleurs, soit par la force, soit par des règlements des consuls, ceux-ci étant presque tous acquéreurs eux-mêmes.

Ils faisaient mieux encore : ils constituaient un monopole de fait, achetaient tout le minerai extrait, et, lorsque les voituriers arrivaient de loin, ils étaient réduits à s'en retourner comme ils étaient venus. On devine si cela faisait l'affaire de leurs maîtres, les directeurs des forges du comté, et quelle perturbation ces irrégularités jetaient dans leur industrie.

Donc, monopole de fait et arbitraire du prix de vente, tels sont les abus auxquels il importait de remédier, car ils étaient infiniment nuisibles aux mineurs de Rancié et à l'industrie du fer, sans compter les rixes auxquelles ils donnaient lieu.

Les États de Foix voulurent donner leur solution. En 1696, ils envoyèrent à Vicdessos et à la mine des commissaires afin de rétablir l'ordre. Ceux-ci décidèrent que les habitants de Vicdessos seraient préférés aux étrangers le matin avant neuf heures et le soir après deux heures, mais que de neuf heures à deux heures les étrangers seraient

admis « en concurrence » avec les étrangers. « En concurrence », mais c'était là précisément la principale cause des désordres ! Aussi le Règlement de 1696, trop timide et d'ailleurs sans sanction, ne produisit aucun résultat[1]. Ils fixèrent en outre le prix de la charge à 8 sols, ce qui était fort avantageux pour les maîtres de forges, mais ruineux pour les mineurs qui le vendaient 12 sols en moyenne[2].

Ces dispositions ne furent pas appliquées ; elles étaient trop défavorables à la vallée pour que celle-ci les fît exécuter de son propre gré. D'ailleurs, l'administration de la mine entrait dans cette période d'anarchie dont nous avons parlé plus haut et, jusqu'en 1731, rien de définitif ne devait intervenir.

Signalons la solution donnée par l'arrêt du Conseil d'État du 18 mars 1719[3] : on ferait sur la place du Minier deux tas égaux de minerai, l'un pour les voituriers de la ville, l'autre pour les étrangers ; le prix de la mine serait débattu de gré à gré entre les mineurs et les voituriers, « sans qu'ils (les mineurs) puissent le vendre plus cher

1. *États de Foix, session de 1696* (Arch. dép. de l'Ariège). Nous avons également trouvé dans les archives de la famille Vergnies la copie d'une requête présentée au roi par les syndics des États en 1716 et qui expose toute cette affaire. Cette copie est celle qui fut signifiée aux consuls de la vallée ; elle est d'ailleurs collationnée et signée des syndics.

2. *Ibid.* — La *charge* représente 3 quintaux de 160 livres.

3. Nous le citons d'après l'exposé des motifs de l'arrêt du Conseil du 16 octobre 1731 (imprimé in-4° de 16 pages. Arch. dép. de l'Ariège).

aux uns qu'aux autres, à peine de concussion ».

Dispositions trop imprécises pour être efficaces. Aussi voyons-nous Vincent Ville, premier consul de la vallée, rendre coup sur coup deux ordonnances : la première, qui fixe à 5 sols le prix du minerai, et la seconde qui l'élève à 5 sols 4 deniers. Cette taxe ne s'appliquait qu'aux voituriers de la vallée — c'est-à-dire à ceux de Vincent Ville et des autres propriétaires — mais laissait libre la détermination du prix pour les étrangers[1].

Enfin, l'arrêt du Conseil de 1731, qui mit fin à d'autres conflits et que nous retrouverons, donnait une solution tout à fait équitable et fort sage. Elle devait pacifier définitivement la place du Minier. L'arrêt décidait :

« 1° la mine sera taxée à l'avenir par les consuls de Vicdessos, en présence des jurats ou préposés aux miniers, non seulement pour les habitants, selon l'usage, mais pour les étrangers ;

« 2° Le prix fixé pour les étrangers ne devait pas dépasser de plus de 2 sols celui fixé pour les habitants ;

« 3° Les voituriers chargeraient la mine au fur et à mesure de leur arrivée, quelle que soit leur origine ; toutefois, si un voiturier de la vallée et un voiturier étranger arrivaient ensemble, c'est le premier qui aurait la préférence ;

4° Ces privilèges étaient accordés à Vicdessos à condition « qu'il ne résulte de cette préférence au-

---

1. Ordonnances des 1ᵉʳ juillet et 14 septembre 1720 (reproduites par Raymond Barbe, *op. cit.*).

cun monopole qui puisse nuire et préjudicier aux
étrangers ».

La taxe, que nous avons laissée à 3 deniers la
charge, est fixée par Louis XIV à 6 deniers[1]. Depuis 1680, elle est affermée et celui qui la lève
porte le titre de *Fermier du droit de leude* ou de
péage. En 1667, elle est de 1 sol par charge de
2 quintaux et, en 1780, nous la trouvons à 7 sols
le quintal[2].

1. Édit de 1659, déjà cité.
2. Jules François, 113, note 1; Dietrich, 131. — Les droits sur
les différents métaux furent mis en ferme en 1680; il y avait un
sous-fermier dans le comté de Foix. (Bouchard, *Système finan-
cien de l'ancienne monarchie*. Guillaumin, 1891.)

CHAPITRE V.

L'échange.

C'est au milieu du quatorzième siècle, nous l'avons vu, que naquit le curieux usage de l'échange du minerai du Rancié contre le charbon du Couserans.

Comme la pénurie du bois, qui en avait été la cause, ne cessait de s'aggraver, la nécessité de maintenir cette institution se faisait de plus en plus impérieusement sentir. Mais le gouvernement de la vallée de Vicdessos, détenu par des personnes faibles et sans autorité, n'avait pas su faire observer les traités d'échange; aussi les propriétaires du Couserans en profitaient-ils pour se décharger de ces obligations si onéreuses et si compliquées.

L'autorité de Vicdessos se réveillant, on le sait, vers la fin du dix-septième siècle, devait porter sur ce point — comme sur tant d'autres — son activité réformatrice; elle le fit avec d'autant plus d'insistance que les consuls étaient presque tous propriétaires de forges et qu'ils avaient grand intérêt à l'exécution des traités. Grâce à eux, en effet, une certaine quantité de combustible entrait dans la vallée et servait à alimenter les foyers des forges.

Tout d'abord, les consuls s'appliquent à faire respecter les anciennes conventions. Ils rappellent, dans leur Règlement de 1717, qu'il est défendu de vendre du minerai aux habitants du Couserans, « sauf l'ordre exprès et par écrit » de l'administration consulaire; ils remettent en vigueur les anciennes conditions : « défense de donner au-delà de six sols pour le sac de charbon »; ce qui revient à dire qu'on échangera un quintal de minerai contre deux sacs[1].

De nouveaux traités sont ensuite passés, de 1691 à 1726, avec divers propriétaires, avec les comtes de Foix et d'Ercé, les vicomtes de Massat, d'Alos, de Roquemaurel et de Pointis. Plus tard, en 1770, deux autres contrats lieront avec Vicdessos M. de Montgrenier pour sa forge d'Arbas et M. de Bonnac pour Mijanès[2].

Mais il était bien difficile de plier à ces règles si gênantes tant de gens qui n'en tenaient aucun compte. Le registre de la communauté de Vicdes-

---

1. *Règlement général de la police pour la vallée de Vicdessos du 4 avril 1717*, article 32.

2. Jules François, *op. cit.*, 121 et s. — L'arrêt du Parlement de Toulouse du 14 mai 1717 nous apprend que l'accord avec le comte de Foix était du 12 mars 1691 ; avec le vicomte d'Alos, du 20 septembre 1721 ; avec le vicomte de Roquemaurel, du 11 mars 1726 (Arch. du Parlement, B. 1719, f° 373). — Il est curieux de noter que Mijanès, qui appartenait à M. de Bonnac, n'était pas en Couserans, mais dans le Donnezan. Comme le pays était fort boisé et que les voies de communication étaient rudimentaires, Bonnac trouva fort avantageuse la combinaison qui lui procurait du minerai livré à domicile, ce qui lui évitait beaucoup d'ennuis.

sos nous montre les consuls s'acharnant à répri-
mer cette sorte de contrebande, en même temps
qu'ils font tout leur possible pour obliger les voituriers à une importation considérable de charbon.

Les modes de l'échange s'étaient, en effet, peu
à peu transformés; au lieu d'envoyer leurs valets
à Vicdessos, les Couserannais avaient chargé certains habitants de la vallée de leur porter le minerai. Mais ces rouliers étaient dans une situation
très délicate : pour être agréables à leurs clients,
ils devaient rentrer à Vicdessos sans recevoir en
échange les sacs de charbon, les maîtres de forges se souciant fort peu de détacher de leur personnel quelques ouvriers pour faire ce charbon
qu'ils ne consommaient pas; or, si les rouliers arrivaient à Vicdessos sans les sacs, les consuls leur
appliquaient toutes les pénalités qu'ils avaient
édictées.

Pour assurer une surveillance efficace des ports
qui conduisaient en Couserans, les consuls avaient
les six jurats qu'ils choisissaient dans les villages
voisins des ports[1]. De plus, ils interdisaient à
quiconque d'acheter du bois en Couserans, afin

1. *Délibération du 23 mai 1729.* — Nomination des six jurats
de l'échange, savoir : 1 pour Vicdessos et Arconac, 1 pour Sentenac, 2 pour Saleix, 2 pour Orus. Voici les recommandations qui
leur sont faites : « Lesquels préposés auront soin à ce qu'aucun
habitant ou voiturier ne contrevienne aux accords et conventions
faites de la part de notre communauté avec MM. les propriétaires
des forges du Couserans, et seront chargés d'avertir les coupables
et d'avertir les consuls des contraventions qui seront faites tant
aux bois de Massat et autres lieux qu'aux forges du Couserans. »

de ne pas fournir de prétexte à l'inexécution du contrat par les Couserannais, ce qui n'eût pas manqué d'arriver si, contrairement aux traités, Vicdessos avait ramené du Couserans des sacs de charbon qui n'auraient pas été échangés avec le minerai[1].

Comme ces diverses prescriptions ne suffisaient pas, nous les voyons enfin envoyer, en 1774, une députation de la vallée aux propriétaires des forges de Couserans, afin de prévenir les conflits et de régler à l'amiable toutes les questions pendantes[2].

L'entente fut de peu de durée. Le Couserans, en effet, malgré ses vastes forêts, commençait à se déboiser, et les maîtres de forges trouvaient de plus en plus insupportables les formalités par lesquelles ils étaient obligés de passer pour se procurer le minerai. Ils essayaient de s'en faire dispenser par des décisions judiciaires : dès 1742, M. de Sabran avait obtenu la permission d'acheter le minerai aux entrepôts situés hors de la vallée, et d'autres menaçaient d'en faire autant[3].

Vicdessos se défendit de son mieux et sa résis-

---

1. On trouve au *Registre des délibérations de Vicdessos* une curieuse dérogation à cette règle. Sans avoir égard aux prohibitions, Louis et Vincent Vergnies avaient fait acheter à Massat du charbon. Ils étaient passibles de peines nombreuses, mais on ne les leur infligea pas, « ayant égard, dit la délibération du 30 juillet 1740, au zèle que la maison des sieurs Vergnies ont (*sic*) toujours eu pour l'intérêt de la patrie. »

2. *Ibid.*, 28 juin 1744.

3. Diétrich, 229. — Par son mariage avec Charlotte de Foix, M. de Sabran était devenu propriétaire de la vicomté de Massat.

tance fut acharnée. La vallée avait parmi ses consuls d'anciens étudiants de l'Université de Toulouse, inscrits comme avocats au Parlement : ils songèrent à la puissante compagnie, avide de trancher tous les différents privés ou publics de son ressort, et lui firent rendre, à peu d'années d'intervalle, deux arrêts de règlement.

Par le premier, qui est du 14 mai 1771[1], le Parlement autorisait une délibération des consuls formant un long règlement pour l'échange et codifiant les prescriptions antérieures. Il précisait aussi certains points : ainsi, pour éviter les fraudes sur la quantité de charbon livrée, il décidait que chaque sac devait mesurer 6 pans de hauteur sur 3 de largeur. Les articles 13 et 14 spécifiaient que pour le bon ordre dans le chargement du minerai, chaque voiturier ne pourrait remplir son sac avant que le précédent n'ait fini. Le Conseil de ville se réservait, en outre, le droit de fixer le nombre des voyages à faire en Couserans, et ces voyages, « une fois fixés, étaient proclamés sur la place publique par le *vallet* de ville, afin que nul n'en ignore »..

L'arrêt de 1779 renouvelait les anciennes prohibitions, interdisait aux Couserannais d'acquérir le minerai autrement que par l'échange, et défendait « aux gens du pays de Foix de passer dans le Couserans de la mine en fraude ni de former pour les propriétaires du Couserans des magasins

---

1. Arch. du Parlement de Toulouse, B. 1719, f⁰ 373.

qui n'auraient pas été acquis par l'échange[1] ».

Mais la vallée ne put jouir longtemps du bénéfice de ces arrêts. Diétrich, qui a visité le pays de Foix et le Couserans à cette époque et qui a recueilli tous les détails relatifs à cette affaire, nous raconte[2] combien ces conditions étaient onéreuses pour les maîtres de forges. Le quintal de minerai leur coûtait d'abord deux sacs de charbon, plus 6 sols[3], plus le port que les voituriers faisaient payer 14, 16 ou 20 sols; d'autre part, les mêmes voituriers allaient chercher le bois dans les forêts des maîtres de forges, et comme ils s'étaient entendus avec les habitants de Vicdessos, ils en emportaient beaucoup plus que la quantité réglementaire. Or, il était impossible de se faire rendre justice, car les consuls de Vicdessos s'étaient réservés la connaissance de tous les litiges relatifs à ce commerce.

Aussi voit-on, le 12 mai 1780, Mme de Montgrenier obtenir un arrêt du Conseil d'Etat qui l'autorisait à acheter la mine « à prix d'argent ». Se solidarisant avec Vicdessos, la province s'était pourvue en opposition contre cet arrêt; mais une décision du 13 février 1781 renvoyait les parties devant l'Intendant, tout en ordonnant que l'arrêt de 1780

1. Arrêt du 22 juin 1779; *ibid.*, B. 1785, f° 379.
2. Diétrich, *op. cit.*, 196.
3. Ces 6 sols représentaient le prix de 30 livres de minerai; les deux sacs étant donnés, en effet, pour 122 l. seulement de minerai et la différence entre ce poids et les 142 l. que contenait le quintal était donnée en prime au voiturier, prime qu'il se faisait payer en Couserans.

serait provisoirement exécuté. Du reste, les Etats de Foix abandonnèrent bientôt la cause de Vicdessos : dans leur session de 1782, leur attitude changeait[1]; c'est pourquoi la courte période qui sépare 1782 de la Révolution fut une période d'incertitude pour la vieille institution de l'échange, institution que la Constituante abolit radicalement en proclamant la liberté du commerce.

1. Arch. départementales de l'Ariège. *États de Foix*, sessions de 1778, 1779, 1781, 1782.

CHAPITRE VI.

Les entrepôts.

Dès que le commerce du minerai de Rancié prit
quelque développement, il se produisit un phéno-
mène qui ne manque pas d'apparaître dans des
circonstances analogues : des intermédiaires sur-
girent entre le vendeur et l'acquéreur, afin de
simplifier la tâche de l'un et de l'autre ; certains
individus achetèrent du minerai pour le revendre
aux maîtres de forges, et créèrent des dépôts que
l'on nommait « magasins ».

I. — Les magasins a Sem.

Il y eut de ces magasins d'abord à Sem. Ce village, le plus proche de la mine, était naturelle-
ment destiné à remplir cet office ; les voituriers
pouvaient s'y arrêter et éviter l'ascension très
périlleuse de quelques raidillons de la montagne ;
ils étaient ensuite toujours certains de remporter
de la marchandise.

Mais les consuls veillaient ; leur politique consistait à s'opposer à la formation de grands entre-

pôts qui auraient fini par faire le cours du minerai. La fixation de ce cours, les consuls se la réservaient : d'abord, comme administrateurs de la ville ; ensuite, parce que leur intérêt personnel de maîtres de forges les poussait à maintenir les prix au taux le plus bas qu'ils pourraient.

C'est pourquoi nous voyons l'ordonnance de 1720 défendre aux gens de Sem d'avoir des « magasins ». Mais cette exigence était trop grande : le grand Règlement de 1731, plus modéré, laissait les habitants de Sem libres de constituer des entrepôts de minerai et se contentait de prendre des précautions pour éviter le monopole. Il leur était interdit d'acheter aux mineurs avant l'arrivée d'autres acquéreurs : on voulait ainsi empêcher qu'ils ne se rendissent maîtres du marché ; en second lieu, ils ne pouvaient acheter qu'une quantité très limitée : deux quintaux par jour et par bête de somme s'ils devaient porter le minerai à Tarascon, et six quintaux si leur minerai était destiné à l'usage de la vallée. Enfin, les entrepôts de Sem étaient tolérés, à condition que le minerai n'y fût pas vendu sur place, mais qu'il fût porté à Vicdessos ou en Couserans pour y être échangé.

De pareilles conditions étaient bien draconiennes pour être observées. Les habitants de Sem et les acquéreurs avaient, en effet, intérêt à les enfreindre, et il était bien difficile de les en empêcher. Des ventes plus ou moins clandestines eurent lieu à Sem et provoquèrent des troubles parmi les ouvriers.

Ceux-ci protestaient contre ces entrepôts qui leur nuisaient évidemment beaucoup : les Règlements fixaient le prix du minerai à deux sols meilleur marché pour les habitants de la vallée que pour les étrangers ; or, ces derniers, achetant aux magasins, n'arrivaient plus jusqu'à Rancié, et les mineurs n'avaient donc comme acquéreurs que des indigènes : ils vendaient ainsi uniformément leur produit 4 sols le quintal, au lieu d'en vendre une certaine quantité 6 sols. En 1779, ils firent une sorte de grève, et parmi leurs réclamations on peut relever qu'ils demandent « la suppression des *magasins* de Sem ».

Le maire et les consuls qui siégeaient au tribunal de police rendirent un jugement[1] de nature à donner satisfaction aux mineurs. Il défendait aux gens de Sem d'avoir chez eux plus de minerai que ne le permettait le règlement de 1731, et décidait que le conseiller politique de Sem, assisté de deux jurats, visiterait les maisons pour s'assurer de l'observation du règlement ; cette visite serait faite chaque fois qu'il le jugerait bon, et les délinquants seraient punis d'une amende de 25 livres[2].

---

1. Une expédition de ce jugement, signée par le maire et les deux consuls, collationnée par le greffier, existe dans les archives de la famille Vergnies. C'est là que nous en avons pris connaissance : le *Registre de MM. les Maires et Echevins de la vallée de Vicdessos*, qui contenait le jugement (à la date du 10 novembre 1779), est, en effet, perdu.

2. En revanche, les entrepôts de Vicdessos n'étaient pas inquiétés ; c'est que les consuls en avaient presque tous chez eux et qu'ils achetaient aux mineurs leurs produits moyennant des denrées (voir plus loin, p. 104).

II. — Les entrepôts situés hors de la vallée.

Les consuls s'inquiétèrent aussi d'autres entrepôts, sur lesquels ils ne pouvaient d'ailleurs guère exercer leur autorité. Il s'agit de magasins qui avaient été fondés hors de la vallée et qui permettaient aux propriétaires des forges de s'approvisionner ainsi plus près du lieu de leur industrie.

Ces entrepôts étaient dangereux pour les habitants de Vicdessos parce que les propriétaires du Couserans pouvaient s'y adresser et frustrer de la sorte Vicdessos du charbon qu'ils donnaient en échange. Aussi, dans leur Règlement de 1771[1], les consuls veulent-ils interdire aux Couserannais l'achat de la mine autrement que par échange à Vicdessos ; toutefois, ils admettent un léger tempérament : lorsque les ports qui conduisent à Vicdessos sont inaccessibles, on pourra s'approvisionner aux entrepôts. Mais nous avons vu au chapitre précédent comment fut réglée cette affaire.

Il ne nous est pas possible d'entrer dans tous les détails de l'histoire des entrepôts de la mine établis à Tarascon et autour de cette ville. Tantôt autorisés, tantôt fermés, ils dépendaient des États de Foix, qui n'eurent jamais d'idées bien arrêtées à leur égard. On peut suivre leurs vicissitudes dans les comptes rendus des États aux Archives

---

1. Reproduit par l'arrêt du 14 mai 1771. Arch. du Parlement de Toulouse, B. 1719, f° 373.

départementales et aussi aux Archives nationales, où cette affaire forme tout un dossier avec des notes et des commentaires du marquis d'Usson, commissaire du roi auprès des États [1]. En 1739, l'entrepôt de Sabart était supprimé et les autres laissés ouverts ; une requête d'habitants de ce hameau, adressée aux États de 1781, nous apprend que, malgré la prohibition, leur entrepôt était toléré et ils réclament une autorisation formelle.

Il y eut une discussion à ce sujet : les opposants prétendaient que la surveillance fixe de la qualité de la mine devenait impossible si les entrepôts se multipliaient, et qu'elle était notamment impraticable dans des hameaux, comme à Sabart.

Cette opinion triompha à la session de 1781 ; mais, l'année suivante, elle était complètement battue en brèche. Quelqu'un fit observer « que la liberté est l'âme du commerce » ; un économiste, disciple sans doute de Quesnay, déclara que l'intérêt des entreposeurs étant de vendre de la bonne mine, ils se garderaient bien de donner de la marchandise défectueuse, et l'assemblée vota la liberté des entrepôts.

1. Arch. nat., H. 719, fos 309 et suiv., H. 714. — D'Usson écrit à Joly de Fleury : « La liberté entière qu'on a donnée à ce commerce (du minerai) est le plus grand bien qu'on pourrait faire. » — Le même d'Usson demandait (lettre du 6 février 1783, 1 *bis*) qu'un arrêt du Conseil sanctionnât cette délibération ; l'arrêt fut rendu le 2 mai de la même année.

CHAPITRE VII.

Les voies de communication.

Quoique la question des voies de communication paraisse étrangère à l'histoire des mines, nous ne pouvons la passer sous silence, à cause des liens étroits qui rattachent au commerce du minerai les divers chemins de la vallée de Vicdessos, leur construction, leur entretien et les conflits qui sont nés à leur sujet.

Il importait en effet, au plus haut point, aux acquéreurs de minerai d'avoir des voies de communication en bon état, afin de transporter rapidement jusqu'à leurs forges les matières premières nécessaires à leur industrie; et les mineurs ne réclamaient pas moins de bons chemins, car, sans eux, le nombre des clients diminuait et la mine souffrait d'une crise préjudiciable aux intérêts de toute la vallée; aussi la province, qui avait à s'occuper des voies de communication, accorda toujours une mention spéciale à la vallée de Vicdessos et la traita d'une façon privilégiée, à cause du commerce de la mine.

I. — L'affaire de Cavallères.

Mais, avant d'en arriver à l'établissement méthodique d'une route entre Vicdessos et Tarascon, établissement qui n'eut lieu que dans la seconde moitié du dix-huitième siècle, il convient de parler d'un autre chemin qui fit couler beaucoup d'encre et dont l'existence fut combattue avec acharnement, tandis que son maintien était réclamé avec la même ténacité, le chemin de Cavallères.

Ici également, nous retrouvons le particularisme des habitants de Vicdessos, ne regardant que leur intérêt exclusif et exploitant toutes les situations pour leur profit, sans considérer les intérêts des autres villages de la vallée, ni ceux de la mine de Rancié.

Le chemin de Cavallères était un sentier qui s'était peu à peu tracé dans la montagne et qui partait de Sem et des mines pour aboutir dans la vallée dans la partie nord de celle-ci : il ne passait pas par Vicdessos, et il était sensiblement plus court que celui qui passait par ce bourg. Était-il étonnant que les voituriers préférassent ce raccourci ? Mais cela ne faisait pas l'affaire de Vicdessos ; ce chemin lui enlevait toute sa raison d'être ; plus de circulation dans la ville, le marasme dans ses rudiments d'hôtellerie. De plus, le minerai ne traversant pas Vicdessos, ses habitants ne pouvaient pas l'acheter au passage ; ils ne pouvaient pas davantage en vendre aux voituriers ;

aussi la capitale de la vallée fit toujours l'impossible pour anéantir le chemin de Cavallères.

Dès 1403, nous voyons que le sénéchal du comte de Foix, Arnaud de Candaraze, défend par lettres patentes de passer par Cavallères ; un an avant, son prédécesseur avait accordé l'autorisation, mais Vicdessos veillait et la faisait expressément rétracter [1]. En 1431, nouvelle ordonnance du sénéchal qui interdit de nouveau le chemin [2].

Il était bien difficile sans doute de faire observer ces ordres ; toutefois, l'affaire sommeille quelque temps pour se réveiller en 1680. Cette année-là, les « commissaires députés pour la Réformation des domaines de la généralité de Montauban [3] » visitèrent leur ressort, en vérifiant les titres sur lesquels s'appuyaient les divers droits des communautés. Vicdessos leur montra sans doute les chartes de 1272, 1293 et 1332, et déclara baser sur ces documents ses prétentions à interdire le chemin de Cavallères. Les commissaires lui donnèrent raison dans leur arrêt du 17 septembre.

Mais les ordonnances du sénéchal devaient être tombées en désuétude et le chemin pratiqué, car cette décision provoqua des mécontentements : les syndics généraux de la province firent opposition, et aussi le fermier des droits de la marque des

1. V. *Lettres du 14 avril 1403* dans Raym. Barbe, *op. cit.*

2. Cette ordonnance et l'analyse de la procédure qui suit sont tirées de l'exposé des motifs de l'Arrêt de 1731, déjà cité, qui analyse longuement toute cette affaire.

3. Le comté de Foix fit partie de la généralité de Montauban jusqu'en 1716.

fers. C'est pourquoi, revenant sur leur décision, les commissaires rendirent, le 22 décembre 1682, un nouveau jugement qui autorisait les voituriers à passer par Cavallères et à utiliser tous chemins qu'ils voudraient, tant à l'aller qu'au retour.

C'étaient maintenant les consuls de Vicdessos qui allaient se plaindre et protester ; le 7 février 1684, ils faisaient appel de ce dernier jugement au Conseil d'État. Bientôt après cependant, et avant qu'il soit statué, ils viennent à composition : par une transaction conclue le 7 août 1688 avec les États de Foix, ils se désistent de l'appel et acquiescent au jugement.

L'affaire semblait terminée, mais les consuls de Vicdessos ne s'étaient pas résignés à la défaite ; ils intriguaient sans doute et préparaient leur revanche ; elle arriva, trente ans après, sous la forme de deux arrêts du Conseil qu'ils avaient obtenus et qui leur donnaient satisfaction sur toute la ligne : le chemin de Cavallères était de nouveau interdit, et, si Vicdessos se chargeait de l'entretien du chemin qui va des mines au bourg, l'autre chemin, du bourg à l'entrée de la vallée, était mis à la charge de la province ; de plus, les consuls se faisaient donner le droit de lever une taxe d'un sol par charge de mine ; cette somme devant être consacrée à l'entretien des chemins et aux dépenses nécessitées par l'administration de la mine[1].

Une semblable décision provoqua l'émotion la plus vive dans tout le comté et dans les provinces

1. Arrêts des 18 mars et 30 décembre 1719.

voisines. Le Conseil du Roi fut assailli de requêtes
de plaignants tendant à être reçus opposants aux
arrêts de 1719 : d'abord, le syndic général de la
province de Languedoc, le sous-fermier du droit
domanial de la marque des fers dans le comté de
Foix; c'est ensuite un interminable défilé de propriétaires de forges : ceux du Languedoc, l'arche-
vêque de Narbonne, la marquise de Bélesta, le
marquis de Mirepoix, le marquis de Léran, le
président de Sainte-Colombe; les propriétaires de
forges du comté de Foix; « les consuls des villes
et lieux de Tarascon, d'Ax, de Siguer et de Saurat
en Foix »; certains fermiers de forges; les « marchands faisant le commerce de mine et de fers ».
Les États du Languedoc furent également saisis
de l'affaire, et après un exposé de M. de Montfer-
rier, chargèrent « MM. les députés à la cour de
faire les représentations nécessaires »[1].

Le Conseil du Roi rendit un arrêt plein de
sagesse[2]. Il renvoyait les opposants et la partie
adverse devant l'intendant, afin qu'ils soient entendus par lui contradictoirement, qu'ils fassent
valoir leurs dires; alors seulement et après avoir
pris connaissance des pièces des débats, le Conseil
statuerait « ainsi qu'il appartiendrait ».

Tout le monde fut convoqué à l'abbaye de Boulbonne, par l'intendant, pour le 15 mai 1722, et
l'enquête se continua, en juin, à Foix et à Taras-

---

1. *Procès-verbal des États de Languedoc, 8 mars 1721* (*Hist.
de Lang.*, XIV, col. 2108, éd. Privat).
2. Arrêt du 16 septembre 1721.

con. On y entendit les syndics généraux de Languedoc et de Foix, les délégués des propriétaires de forges des deux provinces, les députés des villes et lieux ci-dessus mentionnés, plus Junac, Miglos, Rabat, Gourbit-et-Bédeillac, Mérens, Arnave et Saint-Paul; plusieurs marchands de fer, le fermier de la marque des fers; tous étaient opposants aux arrêts de 1719. En sens contraire, réclamaient que les arrêts fussent « exécutés en leur forme et teneur », d'abord Mᵉ Vincent Ville, député de la vallée de Vicdessos, et probablement le grand instigateur de toute l'affaire; ensuite trois maîtres de forges du Couserans, les proconsuls de Tarascon, le consul de Capoulech et treize « marchands voituriers de mine », « le sʳ Hyerome de Traversier, sʳ de la Pujade et Niaux, agissant pour l'intérêt de ses vassaux », d'autres marchands de mine encore, le représentant des jurats de la mine de Rancié, enfin le vérificateur de la mine.

Au procès-verbal contenant les réponses des personnes ci-dessus nommées furent jointes toutes leurs pièces justificatives, « dires, moyens et réquisitions ». Le syndic du pays de Foix fournit les divers actes par lesquels la province était intervenue dans l'administration de la mine de Rancié; Vicdessos produisit ses chartes, les lettres patentes des rois de France et le Règlement de 1414.

Cet amas d'écritures exigea sans doute un dépouillement laborieux, car l'arrêt définitif porte la date du 16 octobre 1731. Il autorisait le passage par Cavallère et supprimait l'imposition d'un sol par charge fixé par l'arrêt de 1719.

Ainsi se termina l'affaire de Cavallères, et, cette fois, ce fut bien fini; Vicdessos n'essaya plus de faire rompre le fameux chemin.

II. — Les États de Foix et les chemins.

Des plaintes s'étant élevées, en 1769, au sujet des mines de Rancié, certains déclarant insuffisante la quantité de minerai mise dans le commerce, les États de Foix procédèrent à une enquête, et les conclusions furent que l'on devait attribuer cette pénurie au mauvais état des voies de communication qui ne permettait pas un transport facile ni rapide.

La Communauté de Vicdessos avait déjà chargé trois ans auparavant son député aux États de réclamer la réfection des chemins[1]. C'est pourquoi l'assemblée décida « qu'il serait fait un chemin de Tarascon à Vicdessos et de la même largeur et construction que la grand'route; que le chemin de la vallée conduisant de la grand'route au minier (serait) réparé et chargé de façon que les bêtes de somme puissent y passer[2] ».

---

1. *Délibération (de la C. de Vicdessos) qui députe aux États,* du 19 mai 1766 (collationné du secrétaire de la comm., aux Arch. de la famille Vergnies) : « ... Il convient de charger le député que l'assemblée nommera de prier les seigneurs des États de faire incessamment travailler aux chemins qui conduisent de Vicdessos à Tarascon, et de représenter aux srs combien il est désagréable pour cette commté que les d. chemins, quoique les plus pratiqués soient les moins praticables; que d'ailleurs ils sont les plus nécessaires à la province à cause du transport des mines. »

2. Session de 1769, 13 mars. (Arch. dép. de l'Ariège.)

Ce n'est pas la première fois que la province s'occupait de ces chemins. Entre 1722 et 1740 on relève des délibérations qui lui sont consacrées. Cette dernière année, un Arrêt du Conseil qui ordonnait l'établissement de routes stimula encore leur activité ; un plan général fut arrêté en 1756, qui comprend le chemin de Tarascon à Vicdessos[1]. Mais ce chemin était terminé à cette date et depuis peu, puisque à la séance du 17 mai 1756 des États de Foix, les syndics généraux déclarèrent : « qu'on s'apercevait déjà du grand nombre des avantages que la province retirait dès chemins que l'on avait ouverts... Celui de Tarascon à Vicdessos, ajoutaient-ils, est d'une conséquence infinie pour le transport des mines de fer[2]. »

Toutefois, le service de la voirie dut être très mal fait et les chemins peu entretenus, puisque, dix ans plus tard, tout était à recommencer. La collection des procès-verbaux des États nous montre l'administration provinciale consacrant des sommes importantes à la construction de ces chemins, et s'occupant entre autres de celui de Cavallères après des réclamations faites en 1782 et 1783 par les habitants de Sem[3].

---

1. Arnaud, *Mém. sur les États de Foix*, pp. 124 et suiv.

2. *Extrait du verbal des États tenus à Foix* (1756) (Arch. nat., H. 716³²).

3. *Procès-verbaux des séances des E. de F.* (imprimés depuis 1782). — *État des fonds faits en 1786 pour la construction des chemins, fait par les syndics des États* (Arch. nat., H. 722², f⁰ 27). « Entretien du chemin des minières de Sem, 4,395 l. 10 s.; de Sabart à Niaux, 8,342 l. ... A faire en 1787, comme

A la veille de la Révolution, voituriers et mineurs n'avaient plus à se plaindre de ces voies de communication.

entretien : de Sabart à Vicdessos, 19,000 l.; aux miniers de Sem, 8,000 l. »

CHAPITRE VIII.

Les forges et les bois.

Les maîtres de forges jouent un trop grand rôle dans l'histoire de notre mine, à la fois comme acquéreurs et comme consuls de Vicdessos, pour que nous ne leur consacrions pas quelques lignes.

Il y aurait toute une étude à faire sur cette industrie si particulière et qui a aujourd'hui complètement disparu [1]. Les renseignements ne feraient pas défaut, car ces forges ont été longuement décrites, à l'époque de leur prospérité, par Lapeyrouse et Dietrich, dont nous avons cité les travaux, et, plus tard, par Jules François, qui fut ingénieur des mines à Vicdessos, sous la monarchie de Juillet.

Nous nous bornerons à en donner l'essentiel et, bien entendu, « en fonction » de la mine de Rancié.

---

1. Elle a été tuée d'abord par la construction des hauts fourneaux, ensuite par les traités de Napoléon III établissant le libre échange et empêchant désormais les fers indigènes de lutter contre la concurrence étrangère. (J. François, ouvr. cité, *passim*.)

I. — Les forges a la catalane.

Les forges du pays de Foix étaient dites *forges à la catalane*. Ce procédé réalisait de sérieuses économies sur les autres forges, tout en fabriquant un fer d'une qualité supérieure. Un *Mémoire* de Tronçon du Coudray, publié en 1775 et cité par Dietrich, établit que les forges du pays de Foix, comparées aux établissements similaires de France, faisaient une économie des trois quarts pour leurs frais d'établissement, et de la moitié sur la consommation de charbon.

Aussi était-il question, sous le règne de Louis XVI, de généraliser la production du fer par la méthode catalane. Dietrich fit transporter à Vicdessos du minerai du Berry et du minerai du Dauphiné afin de voir si ce traitement leur convenait : les résultats furent excellents[1].

En quoi consistait une forge catalane? Rien n'était plus simple[2]. Elle se composait de trois parties principales, contenues dans une salle de 200 mètres carrés environ : d'abord, le creuset ou *feu*, ensuite la *trompe*, et le marteau ou *mail*. Comme éléments, elle utilisait le minerai, le feu et l'air. Son personnel consistait en quatre maîtres :

---

1. Dietrich, pp. 36 et suiv. — « Plusieurs propriétaires des forges du Dauphiné ont présenté un Mémoire à M. l'Intendant général des mines de France pour le prier de rendre publics les procédés des forges de la comté de Foix. » (Lapeyrouse, introduct., XIII.)

2. J. François, pp. 315 et suiv.

le *foyer*, qui était préposé au feu et à l'ensemble ; le *maillé*, s'occupant du marteau, et deux *escolas* destinés à surveiller le fer ; quatre valets, un pour chaque maître, et un ou deux commis ; soit, en tout, neuf à dix personnes.

A son arrivée, le minerai était disposé avec du charbon dans le creuset, par couches alternées. Après un feu de vingt-quatre heures environ, le métal commençait à entrer en fusion.

Cette masse était travaillée à l'aide du *mail*, sorte de marteau qui pesait à peu près 6oo kilos. Mais pendant cette opération, une soufflerie déversait sur le métal une certaine quantité d'air ; c'est l'oxygène de cet air qui, s'incorporant au minerai, produisait un fer d'une qualité spéciale, « dur et malléable à la fois », comme le dit Lapeyrouse.

Telle est l'organisation, assez rudimentaire mais fort pratique, qui existait au dix-huitième siècle dans le pays de Foix et dans quelques provinces environnantes.

II. — Forges du comté de Foix.

En 1716, on comptait environ trente-cinq forges pour le comté. Lapeyrouse, en 1786, parle d'une vingtaine seulement[1]. Dietrich nous fournit la liste de celles qui s'alimentent à la mine de Rancié : ce sont les forges d'Orgeix, Orlu, Ascou, Mi-

---

1. *Mém. pour les syndics de la province contre Vicdessos*, 1716 (fonds Vergnies). — Lapeyrouse, 85.

jànès, Castelet-de-Perles, Urs, Saint-Paul-de-Jar-
rat, Celles, Castelet-d'Alens, Niaux ; Gudanes consommait pour moitié seulement le minerai de
Rancié, l'autre moitié lui était fournie par les mines de Château-Verdun[1].

III. — FORGES DE LA VALLÉE DE VICDESSOS.

Dans la vallée de Vicdessos, les forges remon-
tent à une époque très reculée puisque, dans la
charte de 1293, il est question de « forgerons, gar-
çons, chefs de forges[2] ». C'étaient là, nous dit
J. François, des forges très primitives, dites *à
bras d'homme,* car le soufflet était manœuvré sans
aucun secours de la mécanique. Les forgerons
installaient leurs instruments dans la montagne,
à proximité du lieu de l'extraction, et tiraient un
peu de fer de beaucoup de minerai[3].

Au seizième siècle, ces établissements devinrent
fixes, et comme l'on avait trouvé le moyen de faire

1. Dietrich, pp. 138 et suiv. Il ajoute des renseignements intéressants sur le prix de revient du minerai, rendu, pour chacune
de ces forges : 36 sols le quintal à Orgeix ; 37, Ascou ; 38, 39,
Orlu ; 30, Urs ; 57, Mijanès ; 35, Castelet-de-Perles ; 25, Saint-
Paul et Castelet-d'Alens ; 21, Niaux.

À l'époque où écrivait Jules François, la mine de Rancié fournissait à 57 feux de forges de l'Ariège, 4 de la Haute-Garonne,
3 des Hautes-Pyrénées, plus, en partie, à 4 autres de l'Ariège et
4 du Tarn. (J. François, 153.)

2. « Ferrarii seu mercenarii operarii et metallarii... » Voir
Pièces justificatives, I.

3. On voit encore sur le mont Rancié quelques traces de ces
anciens foyers ; les scories que l'on y trouve renferment encore
une grande quantité de fer.

actionner par l'eau le marteau et les soufflets, ils furent installés au bord des ruisseaux. On les appela, à partir de ce moment, des *moulis de fer* ou *moulines*[1]. Jules François rapporte que ce perfectionnement eut lieu vers l'an 1500[2]; il est probable qu'il se généralisa un demi-siècle plus tard, dans la vallée, puisque, de 1564 à 1577, nous trouvons que cinq autorisations furent données d'établir à Vicdessos des *moulines à fer*[3].

Un document conservé par hasard aux Archives de Foix nous livre le nombre des forges de la vallée en 1729. Il y en avait six : c'étaient la *Vexanelle*, *Cabre*, *Caponta*, *Gouillé*, *la Prade* et la *Forge-Neuve*[4]. Quelques détails sur chacune d'elles nous sont fournis par le même document : quatre d'entre elles, la *Vexanelle*, *Cabre*, *Caponta* et la *Forge-Neuve* travaillaient dix mois par an et rapportaient 500 livres chacune; les deux autres ne pouvaient fonctionner que quatre à cinq mois et

1. Jules François, pp. 315-322.
2. *Ibid.*, d'après les renseignements de Casimir Vergnies.
3. *Cartulaire des Archives de Foix pour l'abbaye de Boulbonne*, f°s 318-319 (Biblioth. de la ville de Toulouse, mss. 638). — « 16 mai 1554, notte d'inféodation et permission à Peirouet, Claustre et à Jean d'Ers de construire une mouline à fer aux hautes montagnes joignant les terres d'Espagne, au lieu de Las Rouges. » — « 18 déc. 1576. Inféodation à André Gali, forgeron d'Auzat, permission de construire une mouline à la genevoise. » — « 2 févr. 1573, même permission à P. Jolain. — 7 fév. 1577, même permission à Jean Delascazes.
4. La carte du pays de Foix qui est dans l'*Atlas* de Cassini mentionne ces diverses forges. On peut se rendre compte de leur situation, ainsi que des différentes agglomérations de la vallée.

donnaient 200 livres[1]. Chacune d'elles appartenait à plusieurs propriétaires, mais elle était affermée soit par l'un d'entre eux, soit par un étranger[2]. Les principales familles de maîtres de forges étaient les Vergnies, les Ville, les Deguilhem, celles-là même que nous avons vues aux fonctions consulaires.

Sur les six forges, une — celle de Cabre — avait disparu lorsque Diétrich visita la vallée[3]. Il parle surtout de la forge de *Guilier* — ou *Gouillé* — dirigée par Vergnies-Bouischère ; c'était une forge modèle dans laquelle avaient été introduits de grands perfectionnements. Aussi produisait-elle 110 quintaux de fer par semaine, tandis que les autres arrivaient péniblement à 90.

La production totale de la vallée était estimée à 15.000 quintaux de fer; pour ce résultat, elle consommait 36.184 quintaux de minerai et 20.000 charges de charbon. Quant à la production du comté, elle était évaluée à 5.500.000 livres de fer, et sa consommation de minerai à 203.000 quintaux, à peu près entièrement fournis par la mine de Rancié[4].

1. *Requête à Mgr l'Intendant… par les propriétaires des forges de la vallée de Vicdessos* (Arch. dép. de l'Ariège, fonds Vicdessos, non classé). On lit au verso la réponse du directeur de la marque des fers à qui la requête avait été communiquée. Cette réponse contient la liste des forges de la vallée.

2. Par exemple la forge de *Vexanelle* est possédée 9 mois et 10 jours par Géraud et François Ville, 1 mois et 10 jours par Vincent Vergnies, 1 mois par Demathieu. Celle de Gouillé appartient à Vergnies, Bergé, la France, Cambon et Antoine Vergnies (*ibid.*).

3. Diétrich, pp. 77 et s.

4. Diétrich, pp. 220 et s.

IV. — Droits sur les fers.

Il existait un impôt sur le fer fabriqué ; cet impôt portait le nom de *marque des fers*, et il était affermé. A la fin de l'ancien régime, on payait 3 livres 6 sols la charge de 3 quintaux à l'intérieur du comté, tandis qu'en Languedoc l'impôt n'était que de 26 sols[1].

Nous n'avons pas de renseignements sur les époques antérieures ; il est simplement dit, dans la requête de 1716, déjà citée[2], que la mine de Rancié « produit plus de 3o.ooo livres par an au roi, tant pour les droits qui se payent à la sortie des·mines que sur les fers qui se fabriquent dans le pays ».

Centralisé à Foix ou à Tarascon, le fer produit par les différentes forges — et destiné à l'importation — était transporté généralement jusqu'à Auterive, à dos de mulet ou de cheval, et de là « voituré par l'Ariège et la Garonne à Toulouse où il se (débitait) pour le Languedoc et la Gascogne »[3].

1. Lapeyrouse, 68.
2. Voir p. 94.
3. Piganiol de la Force, *Description de la France*, t. **VIII**, v° *Foix*.

III. — Le problème des bois.

Les bois, nous l'avons vu, étaient pour Vicdessos un élément indispensable à l'industrie des forges. La dévastation, qui rendait l'importation de combustible déjà nécessaire au quatorzième siècle, ne cessa d'augmenter aux époques suivantes.

On sait que Colbert envoya Froidour dans les maîtrises des eaux et forêts du Midi afin de faire cesser les usurpations du domaine royal par les particuliers et les communautés. Les arpenteurs qui visitèrent le 7 octobre 1669 la vallée de Vicdessos ont dressé un plan des bois qu'elle renfermait, avec leur superficie et une description de leur état. Sur quatre « triaiges » principaux, un seul, celui de Risoul, était bien planté : c'était un bois de sapins « de cent ans ou environ », dit le procès-verbal, et réservé pour faire des poteaux de mine ; il mesurait 1.055 arpents. Les autres étaient en taillis et dégradés « tant par la coupe qu'on y fait journellement que par les ravins » ; ils étaient plantés de hêtres, de sapins et de tilleuls.

L'ordonnance rendue par Froidour reconnut le bien fondé des prétentions des consuls et laissa à la vallée le droit d'usage dont elle avait toujours joui[1].

Dans le courant du dix-huitième siècle, le Con-

1. Archives du Parlement de Toulouse (fonds Froidour, F 1).

seil politique s'occupa à maintes reprises d'arrêter le fléau du déboisement. Il interdit de couper du bois de construction sans une autorisation écrite des consuls après délibération du Conseil. On voulait également s'opposer à la création de nouvelles forges qui, en consommant du bois, augmentent la pénurie. De temps à autre, de nouveaux quartiers de bois sont faits « débets », c'est-à-dire réservés; il est défendu d'y faire paître et de couper ou d'y arracher aucun arbre[1].

C'est à des jurats spéciaux, *les jurats du bois,* qu'était confiée la mission de faire observer ces règlements; les consuls eux-mêmes intervenaient parfois personnellement[2]; malgré toute la surveillance, les infractions étaient incessantes, le déboisement s'aggravait.

Diétrich déplore l'état de ces forêts. Il n'y a guère que des broussailles, dit-il. On ne peut plus y trouver de bois suffisants pour faire des manches d'outils. Quelques particuliers ont planté chez eux des peupliers et des saules qu'ils utilisent comme bois de chauffage; d'autres ont essayé de

1. *Registre des délibérations...*, 26 avril 1734, 27 septembre 1753.

2. Le 27 janvier 1732, le consul Delpy monta à Sem, afin de rechercher les personnes qui avaient coupé du bois au *débèt* de Sem. Il fut « fort maltraité » quoiqu'il ait été accompagné du sergent de ville. Il avait fait enfoncer la porte d'une maison afin de voir si elle ne contenait le bois coupé; mal lui en prit, car, dit le procès-verbal, « les femmes de Sem s'assemblèrent et déchirèrent le justaucorps de Delpy, lui ôtèrent le chaperon et le foulèrent ». (*Ibid.*, 3 janvier 1732.)

faire des réserves, mais les montagnards les ont saccagées [1].

Lapeyrouse constate la même situation, et l'abbé Palassou, qui a écrit un *Essai sur la minéralogie des monts Pyrénées*, dit que « les montagnes (de Vicdessos) ont été dépouillées par l'usage des forges »[2].

1. Diétrich, pp. 227 et suiv.
2. P. 253.

CHAPITRE IX.

Etat social des mineurs.

I. — LA MISÈRE DANS LA VALLÉE.

Une dernière question se pose, la plus intéressante sans doute pour beaucoup d'esprits, c'est celle de l'état social des mineurs. Ce régime de propriété collective influait-il heureusement sur les travailleurs? Apportait-il la prospérité dans les familles des villages qui sont voisins de Rancié? Le fait que les mineurs touchaient le produit intégral du fruit de leur travail leur procurait-il une certaine aisance et un sort supérieur à celui des travailleurs employés dans l'industrie capitaliste?

Certains pourraient répondre *à priori ;* quant à nous, c'est sur les faits que nous baserons notre réponse.

Ils sont malheureusement peu nombreux, ces documents : les enquêtes sociales étaient en effet inconnues au dix-huitième siècle et encore davantage dans les siècles précédents. Ce sont donc quelques traits épars qui nous permettront seuls de connaître la situation matérielle des mineurs.

Dans le Règlement de 1731, on lit à l'article 31

que les mineurs étant « insolvables », les amendes qui leur sont infligées ne peuvent être perçues et qu'il faut recourir à la contrainte par corps.

En 1766, les mineurs assemblés nomment pour syndics deux jurats de la mine et leur donnent procuration pour « exposer à tous les supérieurs de la province » que, vu leur état misérable, il leur soit permis de conserver comme médecins Augé et Ruffié[1]. Ces deux humbles praticiens venaient d'être assignés devant le sénéchal par quatre « maîtres chirurgiens » de la vallée qui voulaient leur défendre d'exercer « l'art de la chirurgie ». Les mineurs réclament le maintien d'Augé et de Ruffié qui « s'accommodent à leur indigence, se contentent de ce qu'ils leur donnent et sont souvent exposés à perdre le prix des remèdes qu'ils avancent ».

L'indigence régnait donc parmi les mineurs; Diétrich et Lapeyrouse le rappellent dans leurs ouvrages, et Jules François, dont les observations datent de 1841 — ce qui n'est pas très éloigné de l'Ancien Régime — signale lui aussi cet état de misère[2].

Et cependant leur gain n'était pas infime, si l'on songe que toute la famille travaillait plus ou moins soit à l'extraction, soit au transport. Un homme gagnait de 16 à 18 sols par jour s'il vendait aux indigènes, et de 24 à 30 si c'était pour l'étranger ; un enfant pouvait facilement gagner

1. Arch. not. de Mᵉ Rouzoul, *minutes de Vergnies*, 1766, *loc. cit.*
2. Voir aussi la brochure de d'Aubuisson de Voisins, *Observations sur les mines et les mineurs de Rancié*, 1818.

10 sols ; les femmes, qui accompagnaient les mulets chargés de mine, pouvaient arriver elles aussi à un salaire quotidien assez sérieux[1].

II. — Les coulias.

Parmi les causes qui contribuaient à réduire le mineur à ce triste état d'indigence, il faut en signaler une qui est fort particulière et qui est d'ordre économique : le mineur était exploité par les *coulias*.

Un *coulia*[2] était un commerçant entreposeur qui achetait le minerai mais qui, au lieu de payer en argent, fournissait des marchandises de première nécessité, des denrées alimentaires. On comprend qu'il était possible à l'industrieux *coulia* de duper le mineur. soit en le trompant sur la qualité des produits, soit en prélevant des intérêts usu-

---

1. Diétrich, pp. 180 et suiv. — Il convient toutefois de ne pas s'exagérer la misère de ces mineurs : presque toutes les familles possédaient une maison et un ou plusieurs champs ; de plus, elles avaient la jouissance des biens communaux, prés et forêts, qui étaient fort importants.

2. Ce nom singulier provient sans doute du mot latin *collegium*, qui signifie groupement, association. Dans le Bas-Languedoc, les équipes de vendangeurs sont encore appelées des *colles*, et leurs directeurs, *chefs de colle*.

Les maîtres de forges étaient aussi *coulias*. C'est Lemercier du Chalonge qui nous l'apprend dans sa note à la *Requête* de 1729, déjà citée (pp. 96-97) ; nous connaissons grâce à lui les produits vendus par ces *coulias*. « Les particuliers cy-dessus dénommés sont réellement marchands et commerçants, car ils vendent des denrées autres que celles provenant de leur crû, comme d l'huille, du beurre, de la morüe, des sardines, du sel, du poivre. »

raires lorsqu'il faisait des avances. Il se greffait sur cet échange une autre opération juridique : c'était le pacte à rachat, grâce auquel les coulias s'appropriaient les terres des mineurs qui ne tenaient pas leurs engagements; les abus étaient énormes et l'exploitation éhontée.

A l'occasion d'une mission qui fut prêchée à Vicdessos, en 1722, trois prêtres firent un règlement[1] pour mettre fin à ces opérations frauduleuses, ou, tout au moins, pour les renfermer dans des conditions licites. Ils s'efforcèrent d'établir des taxes pour l'échange des denrées. Mais comment le « Pouvoir spirituel » aurait-il pu assurer efficacement l'observation de ses prescriptions? Nous supposons, toutefois, mais sans preuves, que le Règlement des missionnaires eut d'heureux résultats.

III. — Projets de réformes.

Dans les dernières années du règne de Louis XVI, le courant d'idées novatrices qui allait bientôt tout bouleverser inspira à Vicdessos quelques projets

---

1. Ce règlement a été publié par M. F. Pasquier dans les *Mémoires de la Soc. ariégeoise des sciences, lettres et arts*, t. V, 1896. V. not. art. 8 : « Le marchand ferrier ne pourra obliger aucun ouvrier ni mineron ni forgeur de prendre des denrées que de gré à gré et sous les conditions suivantes : 1º qu'on se conformera pour les grains aux conditions de Tarascon; on pourra prendre toutefois un sol six d. de plus, principalement parce que la mesure de Vicdessos est un peu plus grande. 2º ... Pour le vin, on se conformera au taux du lieu. »

de réformes qui auraient été excellents. De ces projets, un seul vit sa réalisation ébauchée : c'est celui qui avait été proposé par le curé de Sem et qui consistait à former une caisse de secours pour les mineurs ; la province aurait prélevé 6 sols par charge de mine pour réunir les fonds nécessaires à cet usage. Les États de Foix le décidèrent dans leur session de 1788[1] ; mais la Révolution ne laissa pas à cette caisse le temps de se constituer.

D'autres réformes, d'ordre technique, auraient également amélioré le sort des mineurs. Ceux-ci exploitaient leurs mines de la façon la plus rudimentaire et la plus maladroite. Diétrich aurait voulu que l'administration royale remédiât « au grand inconvénient qui résulte de ce que chaque mineur travaille pour son compte ». Mais cela, c'était un moyen radical que beaucoup d'ingénieurs ont proposé depuis, et qui a été réalisé au dix-neuvième siècle seulement[2].

Lapeyrouse, plus modéré, proposait la création d'une école où seraient formés quelques mineurs de la vallée ; ces maîtres mineurs dirigeraient ensuite l'exploitation. Avec quatre de ces maîtres et un « ingénieur souterrain », on pourrait obtenir une extraction régulière et satisfaisante. Il faisait observer que ces cinq agents ne devraient pas être payés sur la solde des mineurs, car, dans ces conditions, ceux-ci ne les auraient jamais acceptées[3].

---

1. Arch. dép. de l'Ariège. — Etats de Foix, session de 1788.
2. Diétrich, *loc. cit.*
3. Lapeyrouse, 80-82.

Citons, enfin, un dernier projet qui est annexé à une statistique du pays de Foix, faite en 1788[1]. Son rédacteur, parlant de Vicdessos, s'exprime ainsi : « Il serait bien essentiel qu'on y établît un hôpital uniquement destiné pour les minerons ; il n'est pas de mois, pour ne pas dire de semaine, qu'il n'arrive quelque accident dans les mines de Sem, et les malheureux minerons qui n'ont d'autres ressources pour subsister que leur travail sont fort à plaindre lorsque quelque événement fâcheux les met hors d'état de gagner leur vie. » Et l'on ajoutait : « M. Vergnies, de Vicdessos, a donné sur le moyen de faire cet établissement un Mémoire qui mérite l'attention du gouvernement[2]. »

Les cahiers des doléances de la communauté de Vicdessos contenaient, sans doute, des vœux intéressants ; malheureusement, ils ont disparu de la mairie de cette ville avec le dernier volume des délibérations sur lequel ils avaient été transcrits.

1. *Tableau général de la population, production, etc., du comté de Foix, présenté à M*gr *de Lambert, contrôleur général des Finances, par le s*r *Peiriga, secrétaire de M. le m*is *d'Usson, commissaire du Roi aux Etats de Foix, le 29 juin 1788.* (Arch. nat., K. 1162, n° 6 *bis*.)

2. On trouve également aux Archives nationales (H. 716) d'autres projets qui intéressent d'une façon indirecte la mine de Rancié. Tel est celui qui consistait à rendre l'Ariège navigable à partir de Foix (Mém. de Gueydon, 1780), ou même à partir d'Ax (Mém. de Darmaing, 1781) ; « le fer de la province, disait Darmaing, que l'on porte à grands frais sur des charrettes dans la ville de Toulouse serait embarqué et le transport en deviendrait plus facile et moins dispendieux. »

CONCLUSION

La fin de l'Ancien Régime est le terme fixé pour
cette étude. Il ne m'appartient pas de faire le récit
de ses vicissitudes pendant la crise révolution-
naire, ni de la suivre au cours du dix-neuvième
siècle. Qu'il me suffise d'indiquer que la suppression des provinces et de l'ancienne organisation
territoriale eut une répercussion très grave sur la
mine de Rancié. En détruisant l'organe adminis-
tratif qui s'appelle la Vallée de Vicdessos — incon-
ciliable avec la division abstraite imaginée par
les Constituants — la Révolution priva la mine
de son tuteur traditionnel ; elle lui ôta la direction
qui n'avait jamais cessé de présider à son fonctionnement.

La vallée de Vicdessos disparut comme disparu-
rent les autres vallées pyrénéennes, les villes
« hanséatiques » du pays de Foix et diverses « terres souveraines » sacrifiées à l'uniformité révolu-
tionnaire. Son territoire fut découpé en communes,
infimes et impuissantes, ce qui ne remplaçait pas
l'ancien Consulat de la vallée. Bref, c'est le 4 août
que fut signé l'arrêt de mort de la République de

Vicdessos comme furent signés ceux des républiques éparpillées sur le sol de l'ancienne France [1].

Livrés à eux-mêmes pendant quelque temps, les mineurs tombèrent ensuite sous la tutelle du préfet. Désormais, c'est le préfet qui règlemente leur travail ; c'est le préfet qui nomme les jurats, autrefois choisis par la vallée elle-même.

S'il faut en croire Michel Chevalier [2], les mineurs faillirent se voir frustrer par Napoléon de leur propriété séculaire. Il fut un moment question, paraît-il, de transformer Rancié en dotation au profit d'un maréchal de l'Empire. Véritable ou non, ce projet peint bien le régime de centralisation napoléonienne et pourrait la symboliser.

En 1833, on s'avisa que les mineurs n'étaient pas régulièrement concessionnaires de Rancié et il fut délivré aux douze communes de l'ancienne vallée une concession qui les mettait en règle avec la loi de 1810 sur le régime des mines.

Un ingénieur de l'État dirige les travaux d'exploitation et la mine est rattachée comme les autres aux services des travaux publics.

Nous renvoyons pour plus de détails à l'étude de M. Villot, parue récemment dans les *Annales des Mines*, et à l'ouvrage que prépare en ce mo-

---

1. G. Arnaud, *Mémoires sur les Etats de Foix*, 35 : « Le pays de Foix comptait des villes et des lieux privilégiés ou hanséatiques. C'étaient Pamiers, Lézat, le Donczan et Miglos. » On connaît, d'autre part, la fameuse *République d'Arles*. Voir aussi la *République du Martigue*, par Charles Maurras (*Action française*, 1900, II).

2. *La Haute Vallée de l'Ariège* (Revue des Deux-Mondes, déc. 1837).

ment M. Frank Berranger sur *la Mine de Rancié
depuis la Révolution jusqu'à nos jours*[1].

*
* *

Si l'on se demande maintenant la place qu'occupe la mine de Rancié dans les institutions de
notre ancien droit, nous pouvons répondre qu'elle
est à peu près unique, et qu'elle ne se rattache à
aucune autre qui soit à notre connaissance.

Tout d'abord, comme bien appartenant d'une
façon indivise à une collectivité — si l'on met à
part, bien entendu, les bois et les prés — elle n'a
guère d'analogue que la source salée de Salies-du-
Béarn, sur laquelle les chefs de famille de Salies
ont un droit traditionnel auquel M. Lombard a
consacré une intéressante étude[2].

S'il s'agit maintenant des autres mines du Moyen
âge et de l'Ancien Régime, nous sommes à peu
près certains que son organisation ne ressemble
en rien à aucune d'entre elles. Le travail considérable que M. Mispoulet vient de faire paraître, et
dans lequel il analyse les institutions minières de
l'époque romaine et du Moyen âge, nous montre
que l'on ne peut rattacher Rancié à aucun type de
ces deux époques[3].

1. Villot, *Etude adm. sur les mines de Rancié* (Annales des
Mines, 1896).

2. Albert Lombard, *La Coutume de Salies*, 1900.

3. Mispoulet, *Le régime des mines à l'époque romaine et au
Moyen âge* (*Nouv. Revue historique*, 1907, pp. 345 et suiv.,
491 et suiv.).

Il ressort enfin de toutes nos explications que Rancié n'a rien de commun non plus avec cette organisation économique primitive dont M. de Laveleye recherche de divers côtés les vestiges, et qu'on ne saurait y voir raisonnablement les traces d'un ancien communisme.

Reconnaissons tout simplement, au lieu de poursuivre de si plaisantes nuées, que la mine de Rancié fut une institution née de circonstances très particulières suffisamment expliquées par les circonstances et dont la coutume, formée peu à peu, fut respectée par les comtes de Foix et ensuite par le Pouvoir royal.

APPENDICE

PIÈCES JUSTIFICATIVES

I.

Charte de 1332.

Noverint universi quod nos Gasto Dei gratia comes Fuxi,
vice comes Bearni et Castriboni, assistentibus nobis dilectis
et fidelibus dominis Manaldo Raimondo de Duroforti
milite, senescallo ac curatori nostro, Arnaldo Guilhermi
domino de Barbasano, Petro Merendiero, domicellis, et ma-
gistro Raimondo Guilhelmi de Mascaresio, procuratore
nostro generali, habitoque prius consilio et tractatu cum
iisdem supra scriptis et de omni jure nostro certificati, non
decepti et in aliquo circumventi nec per errorem juris, vel
facti ad hoc inducti sed gratis et mærâ et spontaneâ voluntate et liberalitate, de prædictorum consilio et assensu; ac
ex certa scientiâ, confirmamus approbamus ratas et gratas et
firmas habemus et tenere et servare promittimus per nos et
hæredes nostros in perpetuum et irrevocabiliter sine omni
dolo et fraude omnes libertates et concessiones olim juste
concessas, hominibus universitatis Dessos universis et singulis vallis ejusdum nostri comitatus prædicti, per magnifi-
cum felicis recordationis, Dominum Rogerium Bernardi
progenitorem nostrum, prout in quodam transcripto instrumenti seu instrumentorum dictorum libertatum et concessionum coram nobis et nostris consiliariis prædictis exhibito,
ostenso et perlecto, cujus transcripti tenor inferius contine-

tur, dictæ libertates et consuetudines plenius continentur, salvis et retentis nobis quæ per dictum progenitorem nostrum fuerunt retenta in eis et aliis nostris juribus semper nobis salvis et retentis, verum; quod super petra ferrea nostrarum menearium noviter erat, dictis hominibus vallis Dessos per dictum progenitorem nostrum, impedimentum oppositum ne dictam petram extraherent seu extrahi facerent, de dictis nostris meneriis, nisi aliquo certo, per vos et homines nobis dato, pro singulis sarcinatis dictæ petræ; dictis hominibus dicentibus, se posse dictam petram extrahere, seu extrahi facere, et eam et in eâ operari pro voluntate suâ, infra dictam vallem ullo jure nobis dato, seu dando et de hoc se esse in possessione, vel quasi et fuisse temporibus retroactis a tanto tempore citra cujus memoria in contrarium non extabat dicebant; quod etiam dicebant se posse facere ratione dictarum libertatum et concessionum, ut dictum est, per dictum progenitorem nostrum, quondam, inter quas libertates et concessiones datas per progenitorem nostrum quondam clausulæ quæ sequuntur, inter cætera sunt adjectæ;

Item damus et concedimus ac statuimus consulibus, universitati et omnibus et singulis habitatoribus dictæ vallis et tibi notario infra scripto, stipulanti nomine quo supra pro terminis et limitationibus et pertinentiis et districtu dictæ vallis totum territorium cultum et incultum, montaneas, ripperias, pascua, nemora, barthas, prout limitantur de passu de Aris et de viâ remorenti quâ itur seu quæ vadit versus Siguerrium, usque ad portus apud nos et versus terram nostram, citra montes aquam vergentes, et prout aqua vergit in dictis portibus, apud nos et terram nostram Dessos, quæ quidem limitationes, pro terminis pertinentiis et districtu dictæ vallis, eisdem hominibus et habitatoribus præsentibus et futuris assignamus, ita quod infra dictos terminos consules dictæ vallis una cum bajulo nostro ipsius vallis valeant in solidum suam juridictionem exercere, et de omnibus causis, litibus civilibus et criminalibus cognoscere et definire, prædictis hominibus et habitatoribus et eorum cuilibet concedentes ad fontes, aquas flumina necnon et plenam et liberam potestatem piscandi, balneandi, aquam hauriendi, aquandi, scindendi, carbones faciendi, arbores excoriandi ac depascendi cum suis animalibus ac utendi, fruendi, et omnes alios usus necessarios et utiles et voluntarios exercendi intra terminos superius designatos, ac etiam deffendendi eosdem terminos et confines a quibuslibet qui eos inquietare, perturbare vel molestare præsumerent, infra easdem pertinentias et limitationes, concedentes insuper, eisdem habitatoribus totum territorium et omnia alia infra dictas termina existentia, franca, libera et quieta et immunia de agrariis et aliis introitibus, et millibus libertatibus usibus et francaletiis in quibus hactenus ipsi vel eorum predecessores unquam tenere, habere et possidere consueverunt, pluraque alia dicerunt et allegarent eidem comiti super prædictis libertatibus et concessionibus propter quod dicebant eis licitum fore dictam petram de meneriis nostris libere extrahere et operari infra dictam vallem, nos pleno consilio et tractatu habitis, super eis cum dictis consiliariis nostris, inventa etiam fore conscientia, et fuisse prout alii homines dicebant de dictâ petrâ extrahenda libere, nulla nobis vel predecessoribus nostris dato de dictis mineriis et de eâ operandâ infra dictam vallem et ita ipsos usus fuisse toto tempore dicti progenitoris nostri et ante et post usque ad tempus impedimenti prædicti ; attendentesque quod principium principis ampliandum est potius quam restringendum et latissime interpretandum, declaramus amoventes impedimentum prædictum cum hoc presenti instrumento in perpetuum valituro et de novo etiam concedimus, eisdem hominibus habitantibus in valle prædicta, et tibi notario infra scripto stipulenti et recipienti pro eisdem, ipsos homines in valle prædictâ habitantes et eorum in perpetuum successores, in eâdem valle tamen habitantes, posse et potuisse petram ferream, de meneriis nostris infra terminos superius designatos extrahere et eam operare, pro sua voluntate infra terminos tamen prædictos, nullæ nobis data ratione leudæ seu pedagii aut forastagii aut pretii, aut quacumque alia ratione seu quocumque alio colore quæsito et de dicta petra merceri a facere, infra dictos terminos et non extra ; nec possint libere dictam petram, aliquibus extraneis non operatam infra dictam vallem et terminos nec extra vendere, quod si facerent, quod alii extram vallem existentes solvant et solvere nobis teneantur sed per se infra terminos prædictos et prædicta omnia singula firma et illibata tenere, servare et complere, et in nullo contravenire ratione minoris ætatis, Nos, prædictus comes, promittimus et super sancta quatuor Evangelia, juramus corporaliter, sponte tacta sub eisdem renuntionibus, promissionibus et cautelis juris et pacti, quæ sunt in dictis concessionibus ac libertatibus prædicti progenitori nostri, specificatæ et expressæ quas omnes et singulas volumus in presenti instrumento, pro expressis et specificatis haberi et eas habere roboris firmitatem, ac si hic essent specificatæ et repetitæ specialiter et expresse ; volumus etiam quod si aliqua hic exprimenda, pro obtinenda firmitate prædictorum, ad utilitatem hominum prædictorum, quo expressis et declaratis, subintelligantur ; nec deficere in aliquo videantur quod minus prædicta omnia et singula prout a nobis sunt promissa superius et concessa, robur obtineant perpetuo firmitatis.

Tenor vero transcripti talis est prædicti :

[**Charte de 1293.**] — Anno Christi Incarnationis millesimo ducentesimo nonagesimo tertio, regnante Philippo, rege Francorum, noverint universi præsentes pariter et futuri quod nos Rogerius Bernardi, Dei gratiâ comes Fuxi, vice comes

Bearni et Castriboni non coacti vel decepti, ab aliquo aliquibusve autem reipsâ liberalitate, dolo, deceptione, fraude, circumventione, seductione, persuasione aut sermonibus blandis alicujus personæ ad hoc et infra scripta inducti; sed meâ liberalitate, ex certa scientia ac gratis et spontanea voluntate, de jure et de facto nostro, plenarie certificati, pro nobis et omnibus successoribus nostris, tanto presentibus quam futuris bona fide et sine omni tempore habebimus et habemus et etiam de novo et iterum damus et concedimus, cum hoc publico instrumento in perpetuum valituro et profuturo, ex certa scientia, et non per errorem, vobis Arnaldo Rogerii, Fabro de Pujol, Guilhelmo Messache, Ramundo Fabri et Guilhelmo Arnaldi de Traversieri, consulibus Déssos, ac Guilhelmo de Ornaco, Ramundo de Cadrillo, Ramundo de Ornaco, Guilhelmo Dessos, Guilhelmo Lausa, Petro de Massat, Arnaldo Franca, et Bernardo de Carola Dessos, presentibus, petentibus ac firma stipulatione interposita, recipientibus pro vobis et tota universitate omnium et singulorum hominum presentium et futurorum totius vallis Dessos, prout inferius confrontantur et limitantur, ac etiam tibi notario infra scripto, petenti ac firma et solemni stipulatione interposita, recipienti pro dicta universitate et omnium et singulorum hominum ejusdem presentium et futurorum, omnes consuetudines libertates et immunitates per nos jam olim vobis seu dictæ hominum universitati datas et concessas, prout in quodam instrumento publico inferius inserto, per Ramundum de Parisiis, tabellionem publicum de Sancto Spartio, recepto et confecto, ac sigillo nostro roborato et sigillate continentur; attendentes et considerantes plurima grata servitia et beneplacita quæ vos consules et aliis homines Dessos memoranti ac etiam dicta universitas hominum et singulorum dictæ vallis, nobis pluries impendistis et quoties impendistis seu impendere minimine incessanter, volentes nobis et dictæ universitatis

aliquam remunerationem facere et exhibere, licet non satis
jussa modulum dictorum servitium et beneplacitorum, con-
dignam. Idcirco quod virtutum præmia tribuentibus convenit
nos, pro nobis et omnibus nostris successoribus presentibus
et futuris, ex certa scientia et non per errorem, ad honorem
Domini nostri Jesus-Christi et Beatæ Mariæ ejus gloris-
simæ Genitricis, ac totius vallis prædictæ Dessos et universitatis omnium et singulorum hominum ejusdem vallis,
addentes et addere merito cupientis libertatibus et consue-
tidibus ante dictis, damus, concedimus et confirmamus ac
datas bonas et firmas habere tenere et observare inviolabi-
liter perpetuo, firma ac solemni stipulatione interposita,
promittimus, omnes suscriptas consuetudines et libertates
prædictas universitati seu universitatibus hominum dictæ
vallis, presentium et futurorum et vobis consulibus et aliis
hominibus prælibatis, pro vobis et. dicta universitate ac
tibi notario infra scripto, petentibus et recipientibus,
solemni ac firma stipulatione interposita nomine dictæ
universitatis et omnium et singulorum dictæ vallis Dessos,
videlicet quod omnes et singulos habitatores presentes et
futuros dictæ vallis Dessos ac eorum universa bona mobilia
et immobilia seu si moventur præsentia, quorumque sint
et abscumque, nos et omnes successores nostri, presentes
et futuri, in perpetuum custodiemus et deffendemus ab omnibus injuriis, violentiis et pertubationibus invasionibus et
aliis molestiis quibuscumque.

Item volumus statuimus ac damus et concedimus in
libertatem dictæ universitati et tibi notario infra scripto petenti et recipienti pro eadem universitate quod quicumque
in dicta valle effuderit alii sanguinem, impiis manibus, seu
aliter, malitiose et vulnus, unde ejus modi sanguinis legali
et lætali extiterit, sexaginta solidos tolosanos pro justicia
legalis vulneris solvere teneatur; si vero vulnus legale non
fuerit, viginti solidos tolosanos, tantummodo pro justicia

illius effusionnis solveat et nihihominus reffudet ea emen-
dabit damna patienti et de expensu eidem satisfaciet si
petieret ad notitiam et cognitionem consulum prædictorum.

Item qui cultellum vel alium gladium impiis manibus seu
maligne contra aliquem abstraxerit, sexaginta solidos tolosanos, nobis pro justicia solvere teneatur et si vulnus
reelictum cum eo non intulerit, nisi ob tutelam sui corporis,
vim repellendo abstraxerit, si vero ictum vel vulnus cum eo
fecerit vel intulerit, punietur et castigabitur juxta modum
et atrocitatem ictus vel vulneris ad notitiam et arbitrium
consulum prædictorum.

Item volumus, damus et concedimus modo quo suprâ,
quod nulla persona de dicta valle si eadem valle nulla-
tenus pro aliquo debito, vel crimine capiatur, vel in carce-
rem detrahatur per nos, vel per bajulum seu bajulos nostros, dum tamen possit cavere idoneo et idoneos fidecessores
prestiterit, seu prestare voluerit deponendo juri, ad notitiam consulum dictæ vallis, nisi esset de tali crimine accu-
satus, quod ultimo supplicio seu aliquâ pœnâ corporali,
nuntiis ejus exigentibus, esset condamnandus vel nisi nobis
seu familiæ nostræ injuriam intulerit.

Item volumus et concedimus quod quicumque falsam
mensuram vel pondere verum pro pondere vel mensurâ
venduntur, tenuerit in dicta valle at eum eâ vel eo mensu-
raverit et vendiderit, seu mensurari faciet vel permittet in
fraude emptoris rerum prædictarum, ut nobis viginti dena-
rios tolosanos quo mensura solvere teneatur.

Item concedimus omnibus habitatoribus præsentibus et
futuris dictæ vallis ut possint transire et conducere fer-
rum ultra portus dum tamen nostro gabello gabellam solvant.

Item volumus et concedimus, ut nullus vendat carnes in
dicta valle, ad tallum nisi sit habitator dictæ vallis vel non
habeat domum ibidem et contribuat tallis et communibus

expensis ejusdem vallis, nisi hoc facere de voluntate et licentiâ consulum dictæ vallis, quibus damus potestatem concedendi prædicta si voluerint.

Item concedimus quod nemo mittat, nec teneri, nec tenere possit bestiaria et animalia sua vel aliena in montaneis Dessos, nisi habitator dictæ vallis existat, quod, si fieret, damus et concedimus habitatoribus omnibus et singulis dictæ vallis plenam et liberam potestatem et facultatem expellendi sua propria auctoritate bestiaria animalia ante dicta cujuscumque generis existant, retento tamen nobis et nostris quod non possumus mittere tenere et afforestare in dictis montaniis duas cabanas animalium lanarium nostrarum vel alienorum in qua vel in quibus mille animalia lanaria existant.

Item damus et concedimus plenam et liberam potestatem prædictæ universitati hominum dictæ vallis et tibi notario infra scripto stipulanti recipienti ut publica persona, pro ipsâ universitate, ac nomine et vice ejusdem, ut ipsa universitas seu major pars ejusdem eligat et eligere possit quatuor consules de proceribus dictæ vallis, qui soli et in solidum una cum bajulo nostro audiant et determinent omnes causas civiles et criminales ortas et deinceps orituras in dicta valle et de eisdem cognoscant prout melius in publico instrumento de quo supra et infra habetur mentio qui, quidem consules factâ dictâ electione, jurent in manibus nostris seu senescalli vel bajuli nostri se se fideliter habere et gerere penes nos et populum et universitatem et omnes habitantes et singulos dicta vallis et omnes alios quoscumque in suo examine litigantes seu aliquid facere vel expedire quomolibet habitantes coram ejsdem, et quod mutentur annuatim nisi populo et universitati prædictæ placuerit et visum fuerit expedire.

Item damus et concedimus plenam et liberam potestatem omnibus et singulis habitatoribus dictæ vallis ut pos-

sint per titulo suæ voluntatis vomera, lancera et alia instrumenta ferrea et ferramenta sua quæ quæ sint et lancerare
et aucere vel aliter quoquomodo preparare alicumque et
quarumcumque quibuscumque fabro vel fabris valuerint,
prout magis duxerint eligendum, non astringendo, se potius
ad unam fabricam quam aliam, nec se aretando ad prædata restitutionis promissiones ab eisdem procuratoribus
lanceres, pretio quo vel dederint pro lancerio prædicto.

Itēm damus et concedimus liberam facultatem populo vel
habitatoribus dictæ vallis ut possint suâ propriâ voluntate
et libertate jurare pacem cum suis frontateriis et alia sacramenta communiter inter se facere de valentia et juramento
ad invicem inter se præstando et faciendo salvo tamen
jure nostro, ita videlicet si Bajulus non consenserit illi
sacramento.

Item volumus et concedimus ac statuimus quod aliqui habitatores dictæ vallis non possint trahi per aliquem in judicium extra dictam vallem pro causis aliquibus contractibus
vel obligationibus pactis, vel pro aliquibus delictis aut fascinoribus commissis et preparatis infra dictam vallem et
limites ejusdem, sed tantummodo super iis respondere
teneantur coram consulibus et Bajulo supra dictis.

Item concedimus et statuimus quod nullus bastonerius
noster seu nostri comitatus intret dictam vallem pro aliquibus
pignoribus vel executionibus faciendis in prædicta pro Bastonerios nostros dictæ vallis, solum modo exequantur ob
defectum Bastoneriorum Dessos vel pro questis, fogagiis
vel aliis juribus nostris colligendis et exequendis.

Item damus et concedimus omnibus et singulis habitatoribus dictæ vallis plenam et liberam potestatem faciendi
et construendi furnos in domibus suis et extra in suis locis
existentibus infra dictam vallem ad coquendum panem vel
aut aliqua sua necessaria faciendum, promittentes eisdem
et tibi notario infra scripto petenti at recipienti firma stipu-

latione interposita pro eisdem, facere et tenere ut est dictum.

Item *volumus et concedimus et statuimus quod nos vel aliquid seu aliqui Bajuli, vel officiales nostri non possint aliquod bannum apponere prœdictis habitatoribus tam prœsentis quam futuris et eorum aliquibus in maniâ seu maniis ferri, infra dictam vallem et limites ac terminos infra scriptos existentibus, nisi lapicidœ et ferrarii seu mercenarii operarii et metallarii operantes in dictis maniis fraudulenter et injuste se habuerint in officio et operibus suis, super prœdictis et tunc dicta banna apponi valeant ad notitiam consulum prœdictorum.*

Item damus et concedimus quod quilibet de prædicta universitate possit tempore perpetuo coquere panem suum in furno suo proprio vel alieno ubi magis sibi placuerit.

Item damus et licentiam prædictis habitatoribus et tibi notario infra scripto ut supra ut possint vendere alii homini ejusdem vallis Dessos mercæria sua in dictâ valle absque remuneratione leudæ nostræ.

Item damus et concedimus ac statuimus, consulibus, universitati et omnibus et singulis habitatoribus dictæ vallis et tibi notario infra scripto stipulanti nomine pro supra pro terminis et limitationibus et pertinentiis et districtu dictæ vallis totum territorium cultum et incultum montaneas, ripparias, pascua, nemora, barthas prout protenduntur et limitantur de passu de Aris et de viâ removenti quâ itur seu quæ vadit versus Siguerrium usque ad portus apud nos et versus terram nostram citra montes aquas vergentes et prout aqua vergit in dictis portibus apud nos et terram nostram Dessos, quæ quidem limitationes, pro terminis pertinentiis et districtu dictæ vallis eisdem hominibus et habitatoribus præsentibus et futuris assignamus ita quod infra dictos terminos consules dictæ vallis una cum bajulo nostro ipsius vallis, valeant in solidum suam jurisdictionem exercere et de omnibus causis, litibus civilibus et criminalibus cognoscere et definire ad habitum librum : prædictis hominibus et habitatoribus et eorum cuilibet concedentes ad fontes, aquas, flumina nec non plenam et liberam potestatem piscandi, balneandi, aquam hauriendi, aquandi, scindendi, carbones faciendi, arbores excoriandi ac depascendi cum suis animalibus ac utendi, fruendi, et omnes alios usus necessarios utiles et voluntarios exercendi infra terminos superius designatos et etiam deffendendi eisdem terminos et confines a quibuslibet qui vos inquietare perturbare vel molestare presumerent infrà easdem pertinentias et limitationes; concedentes insuper eisdem habitatoribus totum territorium et omnia alia infra dictas existentia, franca, libera, quieta et immunia de agrariis et aliis introitibus, et millibus libertatibus, usibus et francalitiis, in quibus hactenus ipsi vel eorum prædecessores unquam tenere habere et possidere consueverunt. Concedentes eisdem mercatum de Vico Dessos librum sic ut consuetum, et omnes alios usus, consuetudines et libertatis antiquas et novas per ipsos homines et eorum antecessores, retroactis temporibus usitatas, eas firmantes ratificantes et approbantes, ac volentes et concedentes eas habere et obtinere perpetuo roboris firmitatem, et remanere perpetuo inconcussas, renonciates expresse et consulte omni exceptioni et dolo et errori seu et conditione indebiti et sine causâ et terræ atque curiæ, consuetudini et statuto et privilegio, cuilibet indulto aut in posterum indulgendo et civili remedio et auxilio quibus eorum subtilitate, interpellatione vel intellectu invenire possemus obnimium super dictis vel pro quo prædictorum omnium et singulorum Donatio et Concessio per nos facta dictis habitatoribus in solidum vel in parte enervari posset quum quolibet vel infringi, si vero in posterum instrumentum vel instrumenta vocis testium, donationes et concessiones,

seu etiam omnia et singula supra dicta contra prejudicialia
vel nociva invenirentur obstare aut ea in judicio vel extra
deduci, constringi et seu aliter reperiri et omnia omnino
revocamus et annullamus et nulla et irrita esse in princi-
pio et pro cancellatis, vanis et irritis habere volumus perpetuo et consensus et ita carere perpetuo roboris firmitatem afferentia ; insuper in veritate recognescentes quod
numquam facimus, diximus, dicemus vel faciemus quo
nusquam omnia prescripta et singula et etiam sequentia
suum effectum in perpetuum obtineant inconcussum, volentes insuper et mandatis nec non expresse, consentientes
quod præsens instrumentum dictari et dictatum in publicam formam redigi possit per notarium infra scriptum,
quoties opus erit fieri et refici ut melius et utilius poterit
ad utilitatem universitatis prædictæ et singulorum ejusdem
addendo vel minuendo ad notitiam cujuslibet sapientis,
veritatis cum substantia reservata et quod dictamen super
hoc faciendum per jure valeat, ac si nunc specialiter omnia
experirentur et scriberentur; cæterum si aliqua in præsenti
instrumento deficerent vel deficere viderentur propter quod
possit impugnari in totum vel in parte, ea volumus et man-
damus ac si scripta essent et incerta plenius in eodem
intelligi et includi, quæ si quidem omnia et singula universa supradicta cognito animo a nobis facta et concessa,
valere etiam et servare; perpetuo tenere et nunquam contravenire per nos vel per aliquam interpositam, vel subrogatam personam jure vel de facto occulte vel manifeste
vobis prædictis consulibus, pro vobis et dicta universitate
omnium et singulorum dictæ vallis petentibus et stipulan-
tibus et tibi notario infra scripto petenti et stipulanti pro
habitatoribus et universitate prædictis et nomine et vice
eorumdem per stipulationem et nostram bonam fidem promittimus, sub obligatione bonorum nostrorum et sub omni
renunciatione et cautelâ et ad quatuor Dei Evangelia, nos

cum nostra manu dextra facta corporaliter et sponte juramus, nos consules memorati, pro nobis ac vice universitatis prædictæ et ego Guilhelmus Baiardi publicus notarius infra scriptus, ut publica persona, nomine dictæ universitatis et omnium aliorum quorum interest vel intererit potius, petens et stipulans omnia et singula supra dicta propter liberalitem, donationem et omnia alia universa et singula supra dicta, rata grata et accepta habemus, sub pactis modo et forma de conditionibus supra dictis.

Item nos Rogerius Bernardi comes prædictus, retinemus et reservamus nobis et nostris successoribus quo a servitiis et aliis gravaminibus quibuscumque consulum prædictorum valeat ad nos appellari et causas appellationum a dictis consulibus et bajulo ad nos dilatarum possimus audire et determinare vel alii personæ vel personis comparere pro voluntate nostra; volumus etiam quod primum instrumentum libertatum vel consuetudinum de quo superius est facta mentio, in hoc instrumento inseratur.

Tenor vero prædicti instrumenti de quo supra est facta mentio sæquitur in hæc verba :

[**Charte de 1272.**] — In Christi nomine sit cunctis presentibus et futuris quod nos Rogerius Bernardi Dei gratiâ comes Fuxi et vice comes Castriboni non coacti nec decepti, sed spontanea voluntate ad hoc ducti, per nos et omnes successores nostros damus et concedimus irrevocabiliter vobis Guilhelmo Arnaldo Primi et Petro Fabri de Vico, et Arnaldo de Sauzel et Bernardo Rogerii de Sauzello, Petro Traverserii et Calveto Fabri et Raimondi de Cadrillo, et omni universitati vallis Dessos presenti et futuro omnes libertates usus et consuetudines ac bonos mores quos et quando habuisistis et tenuitis tempore felicis recordationis Raimundi Rogerii quondam comitis Fuxi et aliorum ante successorum nostrum, ita videlicet quod teneatis et habeatis in perpetuum libertates prædictas et usus et consuetudines sicut melius tenere et habere consuevisti et hoc concedimus vobis sicut melius poterit dici vel intelligi ad nostrum profigium et utilitatem; hanc vero donationem sivè concessionem promittimus vobis bona fide tenere et servare et non contravenire per nos vel per aliquam personam subrogatam, renunciates omni jure canonico et civili, et omni prejudiciario per quod possemus nos jurare ad infringinda aliqua prædictorum et beneficio minoris ætatis et pro hâc concessione prædictâ et pro illis inferius positis, confitemur a vobis habuisse in pecuniâ numeratâ trecentos solidos tolosanos, de quibus tenemus nos perpacatos renunciates pecuniæ non numeratæ et dolo.

Item damus et concedimus libertates titulo donationis inter vivos quod judex noster constitutus quicumque fit in nostro comitatu non intret vallem Dessos ratione audiendi causam seu causas nisi fecerit e voluntate vestrâ et assensu et si intervenerit eâ ratione non teneamini coram eo aliquotenus comparere sed bajulus cum aliis probis hominibus dictæ vallis Dessos habeant potestatem eam causam sive causas, ortas sivè motas et movendas inter vallem prædictam, pacificandi secundum usum dictæ vallis vel deficiendi eas prout dictaverit ordo juris et si forte predictæ causæ sive questiones, non poterint ut dictum est, terminari propter imprudentiam sive imperitiam dictorum hominum, dictus Bajulus, habeat aliquem sapientum cum quo possit cum dictis hominibus dictæ vallis inter alios sufficientibus ut visum fuerit dicto Bajulo, prædictas causas et questiones motas et movendas; in dicta valle definire ut eis melius videbitur faciendum.

Item damus et concedimus in præsenti libertate quod aliquis qui audiverit jus, nunquam advocet intus dictam vallem nisi fieret de voluntate vestrâ et assensû.

Item damus et concedimus in presenti libertate quod si

contingeret a prædicto Bajulo nostro Dessos et a prædictis hominibus dictæ vallis, super causis et questionibus motis et movendis in dictâ valle ad nos appellare causam appeltionis cuilibet personæ uni vel pluribus intus vallem Dessos ad quem vel ad nos vobis placuerit de necessitate committere teneamini.

Item damus et concedimus quod aliquis de prædicta valle residentiam ibi faciens mercimonia sive merces cujuscumque generis sint, secum deferens sive ducens, propter transitum in villata Tarrasconis pedagium dare, minimè teneatur vel ibi venderentur, imo sit cum jam sitis de hoc in prosperum in perpetuum absolutus.

Item damus vobis et concedimus quod habeatis fines et limites dictæ vallis Dessos et teneatis libere et quiete, sicut tempore prædecessorum nostrorum habere consuevistis et eas a quâlibet personâ quæ velit super dictis limitationibus vos urbare veriter deffendatis videlicet de passu de Aris et de viâ removente quæ vadit apud Siguerrium usque ad partes apud nos aquam vergentes.

Item damus et concedimus vobis quod aliquis de dicta valle residentiam faciens nisi principalis debitor vel intercessor, vel pro domino suo non sit mercatus in comitatu Fuxi, vel in alio loco ubi jurisdictionem habeamus, etiam pignoratus imo vadat salve et secure et sub nostra fidelitate transgressores omnium predictorum bona debita puniendo.

Item damus vobis et concedimus in libertate quod si aliquis de prædictâ valle Dessos vendiderit rem suam cujuscumque generis sit intus dictam vallem, dare sive solvere leudam minime teneatur cum de hoc sitis in possessione et habuistis et tenuistis tempore antecessorum nostrorum et de omnibus universis et singulis, vos cum hoc publico instrumento semper vobis perpetuo valituro in plenam et corporalem possessionem inducimus ad omnes nostras voluntates, vestrorumque facientes, renunciantes illi legi quod donatio potest revocari, propter ingratitudinem et alii legi, quod donatio potest revocari inter vivos, et alii legi quod deceptis ultra dimidium justi pretii subvenitur : Hanc vero donationem seu concessionem . omnium prædictorum promittimus tenere et observare bona fide et firme stipulatione et sub obligatione bonorum nostrorum ; insuper mandantes omnibus Bajulis nostris totius comitatus prout omnia supradicta universa et singula teneant et observent, sicut in presenti instrumento plenius continetur, et ad majorem firmitatem hujus rei habendam, hoc presens publicum instrumentum sigilli nostri pendentis duximus roborandum, et si contingeret dictum sigillum rendere a prædicto instrumento, dictum instrumentum tanquam veram et publicam habeat , roboris firmitatem. Actum fuit hoc versus exitus mensis marsii tertia septima, regnante Philippo, Franciæ rege, et Bertrando tolosano episcopo, anno domini 1272. Hujus rei sunt testes G. R. de Rosa, Arnaldus Guilhelmus de Fossato, milites, Esquierrus de Mirapice, domicellus, Bernardus de Aragon et Raimundus de Parisiis publicus Sancti Sparsi tabellio qui hoc scripsit.

Actum est in Castro Fuxi, idus februarii in presentiâ et testimonio Raimundi Baccala de Castro Verduno, Jacobi de Alanato, magistri Arnaldi de Fuxo, Petri Alhonis et Bernardi de Lorda et mei Guilhelmi Baiardi, publici notarii Savartesii qui hanc cartam scripsit.

II.

Transaction de 1355.

Sachent tous ceux qui verront et entendront le contenu
du présent acte public : que lorsque noble et puissant
homme, Raymond Dalbi, écuyer, seigneur de Gaure et
sénéchal du comté de Foix, pour l'avantage commun de
l'universalité des habitants de Vicdessos et de chacun d'eux
en particulier, autant que pour l'utilité du comté de Foix
et des affaires du comte, traitait et ordonnait que la mine
de fer qu'on tire du minier de Sem, situé dans ladite vallée, peut être et fut licitement tirée et portée dans tout
ledit comté ; les consuls et autres habitants de ladite vallée
prétendaient et disaient qu'ils avaient la liberté, franchise
et immunité de ne laisser aller la mine que jusqu'au pas
de Sabart sans qu'on pût la porter ailleurs : liberté, immunité et franchise dont ils jouissaient de tout temps ; sur
quoi mondit sénéchal assisté de discrètes personnes... étant
sous le portique de l'église principale de Vicdessos...,
hommes, manànts, habitants et originaires dudit lieu,
assemblés par la voix du crieur public en la forme ordinaire, faisant la plus grande partie de toute l'universalité
et du peuple, au sujet du traité et règlement à faire à l'occasion de l'extraction de la mine de fer, lesquels après
avoir délibéré, traité et accordé, sentant l'avantage et
l'utilité tant de notre dit seigneur comte que de l'universalité des habitants de ladite vallée et des autres lieux et
villes dudit comté et de chacun d'eux en particulier et après
avoir considéré que l'extraction de ladite mine ne porte
aucun préjudice ni à la généralité de ladite vallée ni aux

particuliers d'icelle ; mais qu'au contraire il résulte et peut évidemment résulter un grand profit et avantage pour la généralité de ladite vallée et desdits particuliers, non seulement de l'extraction de ladite mine, mais encore de la concession que doit leur faire mondit s. sénéchal de certaines immunités, franchises et libertés ci-après.

C'est pourquoi lesdits consuls tant pour eux que pour et au nom de la liberté de leur consulat et les autres hommes susnommés, assemblés en la manière et forme susdite, faisant la plus grande partie du peuple et de ses habitants, en présence de moi notaire et des témoins ci-après écrits ; étant dans ledit portique sans être trompés par aucune fraude, ni ébranlés par la force ou par la crainte,... ayant entendu, compris et senti les avantages qui en résulteront, ont voulu consentir par exprès et mis en pacte valide, qui vaudra à jamais par la stipulation qui interviendra, que dorénavant et dès ce jour et à l'avenir la mine de fer puisse et doive être extraite du trou et portée au delà du pas de Sabart et partout ailleurs dans ledit comté et au dehors, suivant la volonté et l'ordre de notre dit seigneur le comte de Foix, avec cependant tel pacte et restriction que le s. sénéchal, pour et au nom du même seigneur notre comte, donne, fasse donner et confirmer de nouveau par ledit s. notre comte, et pour toujours auxdits consuls et autres habitants de ladite vallée et à l'universalité d'icelle, les libertés, immunités et franchises contenues et exprimées dans certain cartel, qui a été tout présentement montré et produit, et dont la teneur suit :

Suit la forme en laquelle les consuls de Vicdessos veulent accorder que la pierre de fer de Vicdessos passe au-delà du pas de Sabart, malgré la liberté qu'ils avaient de ne pas la laisser passer au-delà dudit lieu.

Premièrement, ils demandent qu'avant tout le s. comte eur confirme et approuve les libertés que le s. Gaston, son père, et ses prédécesseurs leur ont accordées pour être éternellement durables.

En second lieu, qu'il leur accorde d'être exempts, dans tout le comté de Foix et son ressort, de tout paiement de leude et de tout impôt.

En troisième lieu, que les hommes de Vicdessos et tous ses habitants puissent passer de Vicdessos, vers la terre de Palhars, comté et vicomté de Palhars, avec leurs mulets, marchandises et animaux, impunément, sans payer quelque leude, gabelle, guidage ou guide... de plus que dans ladite minière on en usera de la manière et forme dont on use de la minière de Chateau-Verdun et que ledit seigneur comte ni ses successeurs ne doiye ni puisse en aucune façon, ni en aucune manière, donner à un homme domestique ou étranger une minière de fer ou trou, soit nouveau soit ancien dans ladite minière ou les appartenances de ladite vallée. De plus, que la place commune de ladite vallée pour l'exposition de ladite pierre à vendre soit à Vicdessos, au lieu commun appelé le pré de Vic, que personne ne puisse vendre ladite pierre ailleurs et que tous les hommes de Vicdessos puissent emporter la pierre, savoir : un morceau de ladite pierre pesant trois quintaux, moyennant deux deniers tolzas, payables audit s. comte ; comme ils ont accoutumé jusqu'ici de la porter à Sabart ou partout ailleurs, comme ils ont accoutumé de le faire : lesquels consuls et autres habitants, après la concession, don et ratification des libertés et immunités exprimées et contenues au susdit cartel ont voulu que dès lors la concession qu'ils ont ci-dessus faite d'extraire ladite mine vaille et sorte à effet, dès à présent comme dès lors et dès lors comme dès à présent, contre laquelle les consuls et autres habitants ne pourront rien dire, proposer, ni alléguer qui puisse rendre chancelante, atténuer ou annuler ladite concession... ils ont encore révoqué, cassé et annulé la liberté et immunité qu'ils ont accordé de ne pouvoir emporter ladite mine au delà dudit Pas, ne voulant pas qu'ils ne jouissent en aucune façon ; mais après qu'on aura accordé, donné et ratifié les libertés et franchises comprises et contenues dans ledit cartel, ils ont voulu que celle qu'ils ont cédée soit efficace et sorte à effet, et ont promis d'être les bons et fermes garants de tout ce dessus sous l'hypothèque et obligation des biens de la communauté et de chacun des habitants en particulier.

Après lesquels pactes, ledit seigneur sénéchal... considérant l'utilité, le profit et l'avantage que ledit s. le comte de Foix aura, retirera et pourra retirer à raison et au sujet de l'exportation de ladite mine, soit dans la leude qu'il perçoit que dans d'autres parties, ayant accepté la concession faite par lesdits habitants... en récompense soit de la concession qu'ils ont faite de l'exportation de la mine, que de plusieurs autres services et bonne volonté susdite, a donné et accordé aux consuls et autres habitants de ladite vallée... qu'ils soient exempts dans tout le comte de Foix et son ressort de toute redevance en paiement de leude et de tout autre impôt, lesquels, pour ou à l'occasion de leurs choses vendues ou exportées pour l'être, ils ne seront du tout point tenus de payer avec cette restriction et réserve spéciale et expresse que pour la mine, que lesdits habitants ou quelqu'un d'eux emportera, ils payeront la leude comme les autres étrangers qui exporteront la mine, ils seront tenus de payer la leude du fer fait de ladite mine comme les personnes qui habitent en dehors de ladite vallée payeront et devront payer, malgré la grâce qui leur a été ci-dessus faite de ne payer la leude pour quelle chose que ce soit.

Plus, ledit sʳ sénéchal a voulu et accordé que dans ladite minière on use de la même manière et forme qu'on use de la minière de Chateau-Verdun : et que ledit sʳ comte ni ses successeurs ne doive ni puisse en aucune façon, ni en aucune manière, donner à un homme, domestique ou étranger une minière de fer ou trou, soit nouveau, soit ancien, dans ladite minière ou dans les appartenances de ladite vallée. De plus, que la place commune de ladite vallée pour faire l'exposition de ladite pierre de mine qui sera à vendre soit au lieu commun appelé le pré de Vic et que ladite pierre ne puisse être vendue ailleurs par personne ; et, que tous les hommes de Vicdessos puissent emporter la pierre, savoir : un rocher de trois quintaux pour deux deniers tolzas payables au s^r comte, pour la leude : au pas de Sabart ou partout ailleurs, comme ils ont accoustumé d'y porter...

Fait à Vicdessos et au portique de l'Eglise paroissiale dudit lieu, le 17 janvier, régnant le s^r Jean, roi de France, l'an du S. 1355.

(Collationné aux Arch. dép. de l'Ariège, Fonds Vicdessos.)

III.

Règlement du 7 août 1414.

Nous Raimond Alhon de Malléon, sénéchal du comte de
Foix, à tous ceux qui ces présentes verront, savoir faisons :
qu'ayant écouté les plaintes du procureur général de notre
comté, à sa prière et à celle des marchands et autres hon-
nêtes gens tant de la vallée de Vicdessos que des autres
endroits de ladite comté de Foix qui ont dit : que quoiqu'on retire des grandes commodités et des profits ines-
timables de la mine de fer qu'on tire du minier de ladite
vallée de notre s^r comte, et des forges de la même comté
où l'on l'apporte, desquels habitants de ladite vallée ne
profitent pas seulement mais encore plusieurs autres de la
même comté ; néanmoins, à présent ces profits et ces commodités diminuent de jour en jour, même les droits que le
s^r comte de Foix a accoutumé de prendre sur ladite mine
sont réduits à rien par la négligence ou à mieux dire la
malice de ceux qui tirent ladite mine et qui l'ayant tirée la
vendent et détruisent entièrement ledit minier, si l'on ne
tâche d'y remédier promptement.

Nous donc, voulant pourvoir à l'indemnité de tant de
gens... nous avons fait les règlements suivants...

Nous ordonnons que le bayle et consuls du lieu éliront
quatre prud'hommes qui seront appelés les préposés du
minier, comme il a été de tout temps accoutumé, qui prê-
teront le serment sur le *Te igitur* et Sainte-Croix, entre
les mains desdits bayle et consuls, lesquels observeront et
feront exactement observer ce qui sera ensuite ordonné...;
lesdits préposés élus exerceront toute leur vie et tandis

qu'ils pourront vaquer à cette charge pour l'utilité dudit minier; et tous venant à manquer, ou quelqu'un d'eux, ou ne voulant pas exercer, lesdits bayle et consuls en éliront d'autres desquels ils prendront le serment, comme il a été dit ci-dessus.

Item ordonnons que lesdits préposés marqueront aux ouvriers qui tirent la mine, le jour de Saint-Jean-Baptiste, l'endroit où ils travailleront deux à deux pendant toute l'année, lesquels ne pourront abandonner cet endroit marqué pour aller à un autre, sous peine de dix livres tournois applicables au s^r comte de Foix toutes les fois qu'on y contreviendra.

Item lesdits ouvriers seront obligés de tenir les endroits qui leur seront marqués nets et sans embarras, sous la même peine; et lesdits préposés seront obligés de les visiter toutes les semaines pour vérifier leur diligence.

Item les ouvriers travaillant audit minier, ou y faisant travailler, ne pourront prendre que huit deniers monnaie courante pour chaque quintal de mine qu'ils vendront audit minier, sur peine de perdre ladite mine, applicable, en cas, audit s^r comte.

Item que ceux qui sortent ladite mine dudit minier soient tenus de faire autant de voyages qu'il leur sera ordonné par lesdits préposés eu égard au temps et à l'ouvrage; et en cas ils ne le feront, leur salaire est diminué à proportion.

Item il est défendu à toutes personnes d'enlever la mine de sa place, ni du minier, sauf le consentement de celui auquel elle appartient, à peine de dix livres applicables, comme dessus, audit s^r comte.

Item que dans chaque place dudit minier il y aura des poids justes pour peser la mine en la vendant, lesquels poids lesdits préposés seront tenus de visiter souvent pour éviter les fraudes entre les vendeurs et acheteurs ; et au cas ils trouveront quelqu'un se servir de poids courts, il encourra la peine de dix livres applicables comme dessus.

Item lesdits préposés visiteront les mines tirées du minier avant qu'on ne les vende, et examineront si elles sont bonnes ou mauvaises; et au cas ils reconnaîtront ne rien valoir, ils pourront les jeter par la montagne en bas comme on l'a anciennement pratiqué : et celui qui leur présentera de la mauvaise mine sera condamné sans rémission à deux sols tolosains à leur égard pour leur peine et leur travail.

Enfin, parce qu'il est juste de favoriser les habitants de cette vallée, dont les prédécesseurs ont veillé à la conservation dudit minier, lesdits habitants de ladite vallée qui voudront de la mine au prix ci-dessus établi seront préférés à tous autres acheteurs étrangers, supposé toujours que lesdits habitants ne monopolent pas et qu'ils ne se servent point de cette faveur pour frustrer les autres, mais qu'ils exposent en vente cette même mine à un endroit du lieu, et la vendent à tous ceux qui en voudront audit prix de huit deniers, leur permettant néanmoins de prendre pour le port de ladite mine du minier. jusqu'au lieu, cinq deniers monnaie courante par quintal, qu'ils pourront vendre à seize deniers dans ladite vallée et non à plus haut prix. Que si quelqu'un est surpris à la vendre plus cher, il sera condamné à l'amende de dix livres, applicable audit seigneur comte...

Donné à Foix, le sept août 1414 par ledit s^r sénéchal et le conseil, auquel assistaient les juges d'appel, l'ordinaire et le juge de Pamiers.

(Collationné aux Arch. départ. de l'Ariège, Fonds Vicdessos.)

IV.

Arrêt du Conseil d'État du 16 octobre 1731.

DISPOSITIF.

... Sa Majesté a ordonné et ordonne qu'à l'avenir, tous les voituriers allant au minier de Sem ou autres miniers de la vallée de Vicdessos pourront passer avec leurs bêtes de voiture, tant en allant qu'en revenant par le chemin de Cavallère ou celui de Vicdessos à leur choix. Fait Sa Majesté très expresses inhibitions et défenses aux habitants du Bourg de la vallée de Vicdessos, de troubler aux desd. voituriers qui préféreront le chemin de Cavallère, à peine de tous dépens, dommages et intérêts; ordonne que, dans six mois du jour de la publication du présent arrêt, lesd. deux chemins seront réparés et mis en bon état pour la commodité publique, celui de Cavallère aux frais des habitants du païs de Foix et celui de Vicdessos aux dépends des habitants du Bourg et de la Vallée de Vicdessos; à l'effet de quoy et pour parvenir aux réparations desd. chemins, et des ponts qui y aboutissent, il sera par experts qui seront nommez par le sr intendant et commissaire départi en Roussillon, et en présence de son subdélégué sur les lieux, fait un devis estimatif des ouvrages à faire pour lesd. réparations, qui spécifiera distinctement celles qui doivent être à la charge des habitants dud. païs de Foix, et celles qui doivent être faites aux frais des habitants dud. bourg et de la vallée de Vicdessos, les expédients dont on peut se servir pour faire lesdites réparations, ensemble le nom des paroisses qui y doivent contribuer, pour sur led. devis envoyé au Conseil avec l'avis du Sr Intendant, être par Sa Majesté statué ainsi qu'il appartiendra.

Veut Sa Majesté que la perception du sol par charge qu'elle avait permis par l'arrêt du 3o décembre 1719 aux Consuls de Vicdessos de lever sur la mine qui sortirait de la vallée, pour le produit en être employé aux réparations et à l'entretien du minier de Vicdessos, soit et demeure supprimé; fait défense auxd. consuls de la continuer, à peine de concussion.

Veut pareillement que la seconde vérification ordonnée par l'article 14 de l'arrêt du 18 mars 1719 être faite sur le passage du chemin qui conduit aux miniers soit faite à l'avenir sur la place du minier même par un inspecteur qui sera à ce commis et dont les appointements seront imposés sur tous les contribuables du païs de Foix, la vallée de Vicdessos comprise, après qu'ils auront été réglez par Sa Majesté sur l'avis dud. s^r Intendant.

Ordonne Sa Majesté, du consentement des Etats du païs de Foix, inséré dans la délibération prise par les jurats et habitans de la vallée de Vicdessos le 13 juin 1722 et conformément à l'ordonnance rendue en conséquence le 22 du même mois par le s^r d'Andrezel alors intendant du Roussillon et du comté de Foix que la mine sera à l'avenir taxée par les consuls de Vicdessos, en présence des jurats ou préposés aux miniers, non seulement pour les habitans suivant l'usage mais encore pour les étrangers au prix qu'il conviendra pour le bien et l'avantage du commerce des Fers, à la charge que la taxe pour les étrangers ne pourra pour quelque cause, et sous quelque prétexte que ce soit excéder celle faite pour lesd. habitans de plus de deux sols par quintal poids du païs; permet néanmoins auxd. consuls d'en régler un prix uniforme pour les uns et pour les autres, si le bien du commerce l'exige ou que les minerons voulussent se prévaloir, au préjudice des habitants de la vallée, de la liberté de vendre la mine deux sols de plus aux étrangers qu'auxd. habitans; et ayant égard à la demande formée par lesd. consuls et habitans de Vicdessos, tendant à ce que les voituriers de la vallée soient rétablis dans le droit d'être chargés au minier par préférence aux voituriers étrangers, ordonne Sa Majesté, que conformément au règlement du 7 août 1414, lesd. voituriers de la vallée seront chargez à mesure de leur arrivée au minier par préférence aux étrangers avec qui ils pourraient se trouver en concurrence, pourvu toutes fois que lesd. habitans ne fassent entre eux aucune société illicite et qu'il ne résulte de cette préférence aucun monopole qui puisse nuire et préjudicier aux étrangers, à l'effet de quoi fait Sa Majesté très expresses inhibitions et deffenses auxd. habitans sous peine de concussion, de vendre la mine qui leur sera délivrée à un prix plus cher que celui auquel elle aura été taxée pour les étrangers, voulant qu'ils ne puissent exiger des acheteurs au dessus de ce prix qu'un salaire raisonnable pour le port dont ils conviendront de gré à gré, eu égard à la distance qui se trouve du minier aux endroits où ils pourraient voiturer la mine pour la vendre de seconde main; fait pareillement deffences et sous les mêmes peines aux minerons de la vendre de la première main au dessus de la taxe, soit aux étrangers, soit aux habitans de la vallée.

Enjoint Sa Majesté aud. s^r intendant et commissaire départi dans le Roussillon et dans le comté de Foix et aux bailli et consuls de Vicdessos de tenir chacun en droit soi exactement la main à l'exécution du présent arrêt, dérogeant pour cet effet aux articles 1er, 2, 3, 9, 10, 12, 13 et 14 de celui du 18 mars 1719, et à ceux des 30 décembre 1719 et 18 janvier 1721, en ce qui est contraire aux dispositions du présent, voulant néanmoins que lesd.

arrêts des 18 mars et 30 décembre 1719 soient au surplus exécutés selon leur forme et teneur, principalement en ce qui regarde la connaissance attribuée auxd. bailli et consuls de Vicdessos de tout ce qui concerne la police et l'exploitation des miniers, et l'exécution provisoire de leurs sentences, sauf l'appel au sénéchal de Pamiers, ou son lieutenant, et l'appel dud. sénéchal au Parlement de Toulouse, à l'exception toutefois de celles qui interviendront pendant les deux premières années à compter du jour de la publication du présent arrêt, dont l'appel sera porté pardevant led. s^r intendant, qui connaîtra pendant led. temps de tout ce qui regarde lesd. mines, sauf l'appel au conseil; et sera présent règlement, lu, publié, affiché tant dans la place du minier et au bourg de Vicdessos, que partout ailleurs où besoin sera, à ce que personne n'en ignore.

Fait à Versailles, Sa Majesté y étant, 16e jour d'octobre 1731.

Signé : PHÉLIPPEAUX.

(Impr. de 16 p. in-4º. — Archives dép. de l'Ariège.)

TABLE DES MATIÈRES

Toulouse, Imp. DOULADOURE-PRIVAT, rue St-Rome, 39. — 6646

www.ingramcontent.com/pod-product-compliance
Ingram Content Group UK Ltd.
Pitfield, Milton Keynes, MK11 3LW, UK
UKHW022353090726
13658UKWH00002B/621